证券交易单位
监管与策略研究

张宏伟 著

吉林科学技术出版社

图书在版编目（CIP）数据

证券交易单位监管与策略研究 / 张宏伟著. -- 长春：吉林科学技术出版社，2019.10
ISBN 978-7-5578-6135-3

Ⅰ. ①证… Ⅱ. ①张… Ⅲ. ①证券市场－市场监管－研究－中国 Ⅳ. ①F832.51

中国版本图书馆CIP数据核字（2019）第232660号

证券交易单位监管与策略研究

著　　者	张宏伟
出 版 人	李　梁
责任编辑	汪雪君
封面设计	刘　华
制　　版	王　朋
开　　本	185mm×260mm
字　　数	200千字
印　　张	9
版　　次	2019年10月第1版
印　　次	2019年10月第1次印刷
出　　版	吉林科学技术出版社
发　　行	吉林科学技术出版社
地　　址	长春市福祉大路5788号出版集团A座
邮　　编	130118

发行部电话／传真	0431—81629529	81629530	81629531
	81629532	81629533	81629534

储运部电话　0431—86059116

编辑部电话　0431—81629517

网　　址	www.jlstp.net
印　　刷	北京宝莲鸿图科技有限公司
书　　号	ISBN 978-7-5578-6135-3
定　　价	51.00元

版权所有　翻印必究

前　言

证券交易所是现代市场经济体系中一种特殊的经济组织形式，是证券交易市场的组织者和一线监管者。随着信息技术的飞速发展和经济、金融全球化进程的加速，交易所的运作环境发生了巨大的变化，步入了一个大变革、大分化、大重组的时代。政府监管和自律监管是实现证券交易所有效监管的两驾马车，两者必须相互配合、缺一不可。

证券交易所作为我国法定的证券交易的场所的提供者、证券交易规则的制定者，直接面向市场，实时监控市场交易行为，其自律监管是我国证券市场全面监管格局的重要一环。证券交易所作为资本市场中提供证券交易的场所，其拥有多种职能，如安排上市工作；组织和监督交易；监管会员、上市公司等等。因此，为了促进市场的良性发展，需要交易所发挥自律监管职能。本书对证券交易单位的监管及策略进行研究，就是从证券交易所的自律监管出发，探讨其未来的可持续发展策略。

本书立足于证券交易所自律监管的重要地位，结合了当前证券交易所自律监管的现状，对新形势下证券交易所的自律监管策略进行的探讨。主要内容包括：证券交易所监管概述、我国证券交易所自律监管现状、证券交易所监管模式分析及经验借鉴、注册制改革下证券交易所自律监管研究、证券交易所监管的司法介入研究、证券交易所对上市公司信息披露的监管研究、国际化趋势下证券交易所监管策略研究。

本书语言简明、内容通俗易懂，通过对证券交易所自律监管的知识进行分析，论述了证券交易所监管的可行性发展策略，能够为我国证券交易单位监管工作的开展提供指导，有助于我国证券市场的良性发展。

由于时间和精力有限，书中难免存在疏漏之处，诚请广大读者提出宝贵意见，以便修改和完善。

目 录

第一章 证券交易所监管概述 ... 1
第一节 证券交易单位 ... 1
第二节 证券交易所监管概述 ... 3
第三节 证券交易所自律监管的必要性分析 ... 13

第二章 我国证券交易所自律监管现状 ... 21
第一节 我国证券交易所监管的法律现状 ... 21
第二节 我国证券交易所自律监管中的问题及原因分析 ... 24
第三节 我国证券交易所自律监管面临的新趋势 ... 31

第三章 证券交易所监管模式分析及经验借鉴 ... 35
第一节 证券交易所监管职能的演变 ... 35
第二节 证券交易所自律监管模式 ... 38
第三节 我国证券交易所自律监管模式的确立 ... 44

第四章 注册制改革下证券交易所自律监管研究 ... 50
第一节 我国证券市场的注册制改革 ... 50
第二节 注册制改革对证券交易所自律监管的影响 ... 55
第三节 注册制改革下完善证券交易所自律监管制度的策略 ... 62

第五章 证券交易所监管的司法介入研究 ... 68
第一节 证券交易所自律监管司法介入的现状 ... 68
第二节 司法介入证券交易所监管的可行性分析 ... 70
第三节 证券交易所自律监管司法介入的路径 ... 76

第六章 证券交易所对上市公司信息披露的监管研究 ... 86
第一节 我国证券交易所信息披露监管现状分析 ... 87

第二节　我国证券交易所信息披露监管存在问题分析 90

第三节　完善我国证券交易所信息披露监管的策略 96

第七章　国际化趋势下证券交易所监管策略研究 110

第一节　证券市场国际化的趋势与挑战 110

第二节　跨境监管合作的经验与启示 118

第三节　我国证券交易所开展跨境监管的路径分析 124

第四节　完善我国证券交易所跨境监管合作的策略 130

参考文献 136

第一章 证券交易所监管概述

第一节 证券交易单位

一、证券交易所的概念及特征

证券交易所的出现,是工业革命和商品经济发展的产物。随着市场经济的不断发展,社会化大生产需要集中资本与社会资金分散持有之间的矛盾、投资者意图迅速收回资金和公司期望长期占有资金之间的矛盾越来越激烈,而资本证券化,并使证券的变现尽可能地便捷是解决这些矛盾的有力手段。于是,为证券流通活动提供集中交易市场的证券交易所便应运而生,证券交易必须通过证券交易场所进行,证券交易场所分为证券交易所和场外交易市场。证券交易所是依法设立并进行证券集中交易的合法场所,也是各国证券交易市场的典型形式。它是有组织地进行证券集中交易的场所,在证券交易过程中要制定相应的证券交易规则,它们不仅要接受来自证券监督管理机构的监管,还承担着监管上市公司、证券公司及证券交易的重要职责,是证券市场的一线监管者,所以证券交易所居于证券交易的枢纽和核心地位。在有些国家,证券交易所甚至是唯一合法的证券流通市场。

在我国,证券交易所具有以下特征。

(1)证券交易所是进行证券集中交易的固定场所。证券交易所具有完整的交易设施、管理制度,制订有适合大规模证券交易需要的交易规则。

(2)证券交易所提供证券交易所需的集中竞价服务。证券交易所具有较先进的交易设施和严密管理制度,制定有适合大规模证券交易的完善交易规则,这为证券买卖各方进行证券交易提供了条件。证券交易所拥有较先进的证券结算系统,也有助于消除证券交易中的不安全因素。

(3)证券交易所是特许法人。特许法人,指须依特别法和政府授权设立的法人组织。证券交易所作为向社会投资者开放的证券交易场所,承担着维护交易安全、保护投资者利益的特殊职责,故应采取较严格的设立原则。在我国,设立证券交易所必须获得国务院批准。

(4)证券交易所是非营利法人。在国外,证券交易所有会员制和公司制两种组织形式，证券交易所可采取会员制而成为非营利法人，也可采取公司制而成为营利性法人。我国证券法规定了证券交易所是不以营利为目的的法人，表明我国证券交易所系采取非营利法人方式组建。我国《民法通则》将非营利法人分为国家机关法人、事业单位法人和社会团体法人。依照《证券交易所管理办法》的规定，证券交易所属于事业单位法人。

二、证券交易所的作用

证券交易所从本质上讲不是一种政府组织，而是一种典型的社会中间层主体。社会中间层，是指独立于政府和其他市场主体，为政府干预市场，市场影响政府以及市场主体之间相互联系的起中介作用的组织或机构，如证券交易所、银行业公会、消费者协会等。社会中间层主体的服务功能主要包括为市场交易与竞争服务，和通过协调不同市场主体之间、政府与市场主体之间的关系，以有效降低交易费用，提高市场运作效率。社会中间层主体在其职责范围内，通过参与政府决策、监督政府行为、反馈市场信息，来影响和制约政府行为。此外，它能协调其他主体与政府之间的关系，传达国家法律和政策并向政府反馈情况和提出建议，成为政府与其他主体联系和沟通的纽带。此外，社会中间层主体还具有干预功能，包括对市场主体的干预和为政府干预市场服务，对市场主体的干预表现为：一是市场监督，如证券交易所对会员的自律监管。二为政府干预市场服务，经过严格的资格审查并依法成立的社会中间层主体，其执业人员具有各种专业技术优势，接受政府机关的委托，对市场主体向社会公布的各种经济信息进行测算核实；协助政府拟订行业规范和从业者职业道德规定，接受委托对从业者进行培训等。

1. 服务作用

证券交易所的立足根本是它对其他市场参与者提供的服务，证券交易所提供的服务大致有以下几种。

（1）证券交易所为发行公司提供上市服务。发行公司的商誉因股票上市而提升。只有满足上市条件的发行公司才能在证券交易所挂牌。只要看到发行公司的股票继续挂牌交易，投资者就可以确信发行公司仍然能够满足上市要求。

（2）证券交易所减少了投资者的交易成本。定时集中交易减少了买卖双方互相寻找对方的成本；竞价成交构成了一种独特的价格发现机制，增强了市场供给价格信息的能力，而交易信息的瞬间披露则大大降低了市场参与者获得信息的成本；证券交易所提供程式化的交易规则，免除了个别谈判和签约的成本；股票集中清算、交收，最大限度地保障了成交之后的履约成本，降低了违约风险。

（3）证券交易所推动股票流通，从而可以增加股票的价值。股票没有或者缺乏流通性意味着投资不可转让或转让受限，股东没有退路或者退路狭窄。相反，股东持有可流通股票意味着他的退路始终保持通畅——无论是为了摆脱风险、减少损失，还是不愿意支付所有者的监督成本，他随时都能离开。

2. 维护交易秩序作用

同时，证券交易所通过监管维护交易秩序。证券交易所的公共性，必须体现在维护交易秩序上。证券交易所中的交易不仅是金融市场交易的重要组成部分，而且是使金融交易变成以证券为媒介的交易并深入渗透到金融市场的契机。因此证券交易所具有公共性。维护证券交易秩序，应该充分在体现维护交易秩序的内涵，即交易的自由与公平。具体而言，包括以下几点。

（1）要为每一个会员公司进入证券交易所提供均等的机会。证券交易所既不对任何会员公司进入市场交易施以优惠，也不对任何会员公司进入市场施以不当限制。

（2）公正地对待进入证券交易所交易的每一个会员公司。证券交易所应为每个会员公司提供同样的规则、物质条件和信息条件。

（3）严格地始终如一地执行法律、行政法规和章程。证券交易所交易规则的统一，在整个证券交易市场的规则统一中具有核心地位。为此，在证券立法统一的前提下，证券交易所应严格地执行证券法律、行政法规和证券交易所的章程，将这些规则公正地适用于每一个会员公司。

（4）为会员达到交易目的创造条件。维护交易秩序的目标应是使会员公司达到交易的目的。凡是会员公司合法的交易，都应能顺利地实现，这是证券市场的效率所要求的。

第二节　证券交易所监管概述

不论是在以政府主导为主还是以市场自律为主的监管体系中，证券交易所作为直接面对投资者、证券商和广大中介机构的运作机构，在市场监管体系中的作用越来越突出。究其原因，除了证券交易所自身所处市场地位及其特殊的性质外，与全球资本市场放松管制不无关系。

自20世纪60年代以来，国际金融市场的变革超出了任何人的想象。进入80年代，金融业的监管从如何监管变为如何放松监管（deregulation），大多数国家的资本市场存在着三个明显的特征：创新、放松监管和市场急剧增长。自从60年代美国花旗银行为绕过Q条例而创新和引进新金融工具大额可转让存单工之后，世界金融市场开始了放松监管的进程；80年代，世界金融市场越来越成熟，美国里根政府在全世界倡导自由定义经济思潮，英国撒切尔政府大力推行自由主义哲学；更重要的是，美国经济在战后出现历史上最好的增长时期，良好的经济状况改变着管理者和立法者的观念，对某些立法条文的修改和取消成为可能。比如对银行、证券业务的隔离出现松动。放松管制的结果是市场创新不断出现，市场结构得到丰富。正是在80年代放松管制的过程中，政府开始把对金融市场的监管权限逐步交给各自律组织，证券交易所的监管地位得到了很大提升。而进入90年代后，由于市场复杂程度不断提高，创新导致的市场急剧增长、全球资本市场之间依存度越来越高，使得再监管（reregulation）成为必然的选择，可以说，证券交易所的监管地位就是在监管—放松监管—再监管的螺旋上升过程中不断得到加强的。

一、证券交易所监管的概念与特征

（一）证券交易所监管的概念

证券市场自律监管即是由证券从业人员自发组织起来，制订规则，以进行自我规范、自我管理。从历史发展上看，交易所监管权力的最早法律渊源是私权让渡。在没有政府法定监管之前，许多交易所就已经开始运作并长期存在。一般来说，交易所是依据其与市场参与者订立的上市协议、会员章程对市场进行管理的。基于合同，交易所具有对发行人资格、信息披露要求、交易商行为和交易商资本进行监管的合法权利来源。有三个要素，一是组织内最初制定政策的人是实践者，这些实践者不仅包括中介机构，也包括市场的使用者；二是自律组织由市场提供经费，而非由公共资金或政府拨款支持；三是自律源于市场参与者的共同利益。证券市场他律即政府监管。

（二）证券交易所监管的特征

在证券监管的实践中，证券交易所的监管属于自律监管。由自律性管理在证券市场管理中发挥的特殊作用决定，证券交易所的自律性管理具有不同于政府监管的特征。

1. 补充性

这是政府监管职能的延伸与发展的细化在自律性管理中的直接体现。政府监管一般采取经济和法律手段，由于证券市场自身的复杂性使证券市场存在的问题不能够通过以上方式得以完全解决。因为证券市场的问题不单纯是法律和经济问题，还有道德问题，而且在证券市场的实际操作中，有很多技术问题等也非政府监管能够解决；在政府监管难以发挥作用的领域，自律性管理则发挥着独特的作用。证券交易所等自律性组织通过自身的组织机构与行业管理，将国家的有关证券管理的法律法规落实到每个证券公司及其从业人员中。

2. 督导性

这是自律性管理功能的内在要求，证券交易所等自律性组织通过对会员的监督、指导，引导会员自觉遵守证券法律法规，通过对会员提供全面、系统的服务，不断提高证券从业人员的职业道德水准和业务水平，自觉防范证券市场风险。这种监督、指导是建立在会员公司和自律组织间平等、协商、协调、协作基础上的。

3. 建议性

这是行业资料性管理组织的重要任务。证券交易所等自律性组织通过与证券公司及其从业人员的努力，对证券公司发展中存在的所有问题进行系统、深入地研究，寻找证券市场发展的客观规律，为证券监管机构提供证券市场发展的长远战略和政策建议。

4. 传导性

在政府的宏观管理和券商的微观经济活动之间，需要有一个组织将二者有机联系起来，以此为桥梁，在证券监管部门与证券公司之间建立起上传下达、下情上知的双向交流机制。证券交易所等自律性组织就发挥了这种作用。一方面，传达政府的意图，把券商及其整体的行业发展纳入国民经济发展的总体规划之中，实现行业发展的正规化、长期性和稳定性；另一方面，协调券商的行为，反映券商的要求，使券商监管部门能够随时了解证券市场发展中存在的各种问题，在广泛听取各种建议和要求的情况下，使各项措施的出台更加具有科学性、针对性和可操作性。

5. 服务性

这是自律性管理的基本内容，它包括两个方面的内容：一方面，自律性组织要为会员公司服务。证券交易所等自律性组织应充分发挥其面向所有证券公司的行业辐射优势，为会员提供全方位、多层次的信息、业务方面的服务，使自律性管理始终建立在全面提高行业水平的基础上。另一方面，要为政府监管部门服务，充分发挥自律性组织的服务功能，可以在一定程度上克服市场固有的缺陷，即市场调节机制的事后性和因公共产品等非营利性引致的市场投入不足的弊端，以实现社会经济发展的效率与公平的目标。

证券交易所对市场的监管是证券监管的重要层次。证券交易所作为证券市场的组织者，在证券市场中处于组织市场和信息集散的核心地位。因此，证券交易所能够直接和低成本地获取交易信息，从而分析掌握市场参与者的行为规律，对交易行为的合法性做出恰当的判断，所以，经过证券市场的长期实践，证券交易所通常被赋予了一线监管者的职责。但是，在不同的监管模式下，证券交易所监管的地位和作用是有差异的。

（三）证券交易所监管的意义

证券交易所按照既定的法规和规则对涉及证券发行、上市和交易等各方面的活动进行监管，其监管范围覆盖交易所的会员，上市公司、投资者行为和交易活动等。一般各国政府的相关证券法规中都对证券交易所对证券市场应起的监管作用和其相应的监管权限做出明确的规定，如美国《1934年证券交易法》就明确规定，证券交易所的一个最主要职能就是进行自律管理，即保证证券法及其相应的修正法案的实施，并遵照交易所规则，在交易所会员间实施。证券交易所可以对会员和上市公司的不法行为进行调查和跟踪，根据有关业务运作的规定和相关法律做出相应处理，可接受投资者或市场有关方面的投诉举报，对市场实时交易或其他行为进行限制和处理等。在实际运作中，证券交易所可根据相应法规拥有较大的监管权限。

作为集中交易的市场，每天有巨大数量的投资者和中介机构参与其中，为了保持市场的持续稳定健康发展，保证在完整的市场中具有完整的公众信心，证券交易所的直接监管对于维护市场秩序和保护投资者具有重大的意义；具体表现在以下方面。

第一，证券市场的监管是一项相当复杂而艰巨的任务，涉及面相当宽广，在以自律为主的市场之中，证券交易所发挥着巨人的监管职能，而在以政府主导为主的监管架构中，国家有关监管部门对市场的有效监管也依赖于证券交易所和有关自律组织的配合。因此，即使在以政府集中监管为主的市场，也比较注重证券交易所和证券业协会等自律组织的功能，以充分发挥证券交易所作为证券监管第一道闸门的作用。

第二，证券交易所自身的角色和职能注定其必然负起证券市场监管职责。证券交易所是证券市场的组织者，为筹资者提供证券发行的场所，为投资者提供证券交易的场所，提供与证券发行和交易相关的各项服务。因此，证券交易所必须承担起对会员、上市公司和证券发行与交易的一线监管责任。

第三，证券交易所的一线监管职能因其特殊的地位而不能被任何其他机构所替代。证券交易所是上市证券集中交易的场所，最容易即时发现问题，能够对整个交易活动进行全面的实时监控。证券交易所加强股市的实时监控，能够即时发现和查处上市公司、机构投资者等存在的问题，防范风险，降低市场危害。

二、证券交易所监管的权力来源

证券交易所是独立的市场管理者，证券交易所的监管职权有法律法规规定、政府监管机构授权及平等协商机制三种来源。

（一）法律法规规定

证券交易所对证券公司、上市公司和证券交易实施监管，有充分的法律依据，我国《证券法》明确规定证券交易所是"自律管理的法人"，其他条款也分别就证券交易所监管证券公司、上市公司和证券交易活动做出明确规定。国家法律法规对证券交易所监管职权的明文规定，有利于明确证券交易所监管权力的范围，有利于确立证券交易所监管的权威性及加强贯彻力度。

（二）政府监管机构授权

证券市场纷繁复杂、瞬息万变的特性致使政府监管部门无法及时有效地履行监管职责，而证券交易所接近证券交易活动，更容易发现证券交易活动中的违法违规现象，使得政府监管部门将部分监管职责授权证券交易所行使，以实现更好的监管效果成为可能。政府监管部门授权证券交易所实施监管，一方面可以避免证券交易所自律监管的缺陷，使政府监管部门统一掌握上市公司监管情况；另一方面又可以发挥证券交易所自律监管的优势，实现更好的监管效果。

（三）平等协商机制

证券交易所的监管职权还源自证券交易所与市场参与者的平等协商机制。证券交易所通过签订上市协议，将上市公司纳入监管范围；通过实施会员管理，将证券公司纳入监管范围；通过自行制定和执行交易规则，实现对证券交易活动的监控。证券交易所还通过董事监事承诺书制度、上市保荐人制度等，强化了监管职权，拓宽了监管领域。

三、证券交易所的监管目标

证券交易所的监管目标是保护投资者、确保市场公平、高效和透明以及减少系统风险。

（一）保护投资者。

投资者在参与市场的过程中，特别容易受到市场中介、发行人或其他人的损害，而他们所能够采取的行动是有限的。他们可能面临被误导、被操纵、被欺诈的风险，在内幕交易、插队交易、挪用顾客资金等违法行为中成为受害者。证券交易所的有效监管能够保护投资者，最大限度地减少投资者损失，完整的信息披露体制是保护投资者最重要的监管手段。市场准入制度应该只允许那些正式注册或有资格的人或公司进行为公众提供投资服务的业务，通过制定市场参与者最低标准，对这些中介机构进行监督。对证券公司初始资本和营运资本的要求应能够满足行业需求，在有必要关闭业务时不会使其客户受损。为了充分保护投资者的利益，证券交易过程中的欺诈阴谋应该受到证券法律的强有力惩罚。同时，证券市场还通过建立具有中立性质的机构，比如除法院以外的仲裁机制，来对有关行为进行裁决，保护投资者免遭损失。

（二）确保公平、高效和透明度。

一个公平的市场具有两个特征：市场完整性和金融机构的受托责任。市场完整性是指无论在时间、空间上都不存在包括信息在内的所有要素的分割，投资者无论在何地所面临的市场都是同质的。受托责任指的是投资者由于不能直接进入证券交易所进行交易而必须委托金融中介机构来完成，因此投资者委托完成的好坏就直接取决于经纪商是否积极努力地寻求最佳价格和最优时机及遵守商业道德。市场的公平与保护投资者利益是紧密联系的。市场结构应当不只反映一部分参与者的利益而忽视其他人，监管活动必须能够识别、阻止和处罚市场操纵等不正当的交易活动；公平能够促进市场效率的提高，而在一个高效的市场中，相关信息的发布是及时和广泛的（透明的），这种高效的信息传输机制能够反映在定价过程中，促进市场效率进一步提高。

世界各主要证券市场均以公平为其监管的重要目标，美国证券市场注重公平与高效率的均衡，在立法上偏重公平？同时并不严格限制创新和放松管制，因而该市场内部能够保持高度的竞争，并维持高效率。英国证券市场同样注重公平，但主要通过证券交易所的监管来实现。英国政府无为而治的管理风格为证券市场提供了较大的发展自由和空间，使得伦敦证券交易所能够发展成为国际证券市场。而在日本，为了注重公平，日本大藏省实施严格控制，对每项业务实施严格的许可证管理，因而影响和限制了金融市场的监管效率，同时证券交易所的监管职能也相对较弱。

透明度是指有关交易信息（交易前和交易后）被公众获悉的程度。证券市场监管的目标就是能够保证这种信息被尽量最广泛地获得。较高的市场透明度能够防止市场操纵和内幕交易的出现，能够保证投资者的委托在交易市场上以同样的信息基础被执行。透明度的实现以信息披露制度为基础，在一级发行市场上通过严格的信息披露程序得到保障，而在二级市场上则以信息发布实时性作为衡量信息是否透明的标准。透明度是一个相对的概念，目前世界上并没有哪个市场实现了完全的实时披露，对于大宗交易信息，英国和日本还允许一定程度的模糊性。不同证券市场对"实时（real time）"的定义也不一样，在美国，"实时"的含义是交易后 90 秒，并且对所有交易、市场和中介机构都适用。英国也采取同样的标准，但存在着许多例外，披露的时滞受交易规模、交易类型、市场类型的影响，大宗交易可以有较长的披露时滞，而小额交易必须实时披露，自营交易的披露速度慢于客户交易，做市商的头寸可以不披露。为了加强市场透明度，美国证监会将所有交易市场（包括纳斯达克）都纳入综合报价显示系统（Consolidated Tape），加入综合报价系统的市场必须承诺其 90% 以上的交易在 90 秒钟内公告。

（三）降低系统性风险

证券市场监管的系统风险主要体现为，当证券市场出现危机或出现崩溃时，可能影响其他相关联行业，使它们相继出现危机，从而引起系统性的连锁反应。金融机构在现代经济中具有特殊作用，他们为不同经济要素间的支付提供机制，也可作为政府货币政策的传导机制，因此这些金融机构的倒闭将在很大程度上扰乱经济秩序。尽管监管本身不能够阻止金融失灵，但监管的目标应该致力于能够尽量减少这种失灵及其风险（通过设置资本金和内部控制方面的要求等）。市场中介必须遵守资本充足性规定和其他谨慎性要求。在出现这些风险的地方，有效的监管活动应该能够减轻这些风险带来的破坏力。风险是一个活跃市场不可避免的，监管活动并不是要用具体的立法采阻止承担风险，而是要通过促进对风险的有效管理来确保化解一部分风险，并检查出存在的过度风险。减少系统风险，必须依靠高效的交易、清算机制，以及有效的监督保障机制。

四、证券交易所的监管对象

（一）对证券交易的监管

证券交易所对证券交易的监管主要通过以下几种方式实现。

1. 制定证券交易规则

证券交易所通过制订、完善市场交易规则，维护着证券交易市场秩序化，推动着有组织交易的最终实现。《证券法》第 118 条规定："证券交易所依照证券法律、行政法规制定上市规则、交易规则、会员管理规则和其他有关规则，并报国务院证券监督管理机构批准。"据此，证券交易所拥有规则制定权，具体包括以下几方面。

（1）制定上市规则

通常包括各种证券的上市条件、程序、暂停上市、终止上市等事项。2005年修改后的《证券法》首次规定证券交易所拥有上市规则制定权。

（2）制定证券交易具体规则

通常包括交易证券的种类和期限，交易方式和操作程序，清算交割事项，交易纠纷的解决，上市证券的暂停、恢复与取消交易，证券交易所的开市、收市、休市及异常情况的处理，交易手续费及其他有关费用的收取方式和标准，对违反交易规则行为的处理规定，证券交易信息的提供与管理以及其他事项。

（3）制定会员管理规章

通常包括取得会员资格的条件和程序，席位管理办法，与证券交易和清算业务有关的会员内部监督、风险控制、电脑系统的标准及维护等方面的要求，会员的业务报告制度，会员出市代表在交易场所内的行为规则，会员及其出市代表违法、违规行为的处罚以及其他事项。

（4）制定其他规则

如从业人员业务规则。证券交易所从业人员与证券交易所之间属劳动或雇佣关系，制定相关规则时，要充分考虑劳动法规及《证券法》的强制性要求，考虑证券交易所业务的特殊性，制定切合实际的从业人员规则。

2. 实时监控规则

实时监控，是指证券交易所对交易情况及交易秩序进行的即时和全面监控。实时监控范围广泛，不仅包括与证券信息有关的各种情况的监控，还包括对各种异常情况的监控，也包括对进入证券交易所参与交易的从业人员的监控。《证券法》第115条第1款规定，证券交易所对证券交易实行实时监控，并按照国务院证券监督管理机构的要求，对异常的交易情况提出报告。实时监控是证券交易所监管市场职能的基础。通过实时监控，证券交易所及时获得证券交易的各类信息，及时发现证券交易中出现的异常情况，可以及时采取临时停市、暂停上市和终止上市等补救和处理措施，有效维护证券交易秩序。

3. 公开证券交易信息

形成公平合理的证券价格，是证券交易所的重要功能之一。证券交易所必须向社会公开与证券交易有关的各种信息。《证券法》第113条规定："证券交易所应当为组织公平的集中交易提供保障，公布证券交易即时行情，并按交易日制作证券市场行情表，予以公布。"

《证券交易所管理办法》第31条规定，按日制作证券行情表，应记载以下事项：上市证券的名称；开市、最高、最低及收市价格；与前一交易日收市价比较后的涨跌情况；成交量、值的分计及合计；股价指数及其涨跌情况；证监会要求公开的其他事项。

证券交易所公开的证券交易信息包括即时行情和非即时行情。即时行情，也称实时行情，是与证券交易所集中交易市场所显示行情同步或者基本同步且连续的市场行情。即时行情是证券交易所行情,不包括场外交易行情。证券交易所显示行情因传播速度等原因,会与真实行情存在一定的时间偏差。基本同步是指不存在阻断行情正常传播的情况。即时行情应当具有连续性,每笔交易形成的行情信息,均应公布。非即时行情,也称非实时行情,是指证券交易所按日制作的证券行情。根据规定,证券交易所应当在每个交易日结束时,制作当日交易行情。非即时行情也包括证券交易所就其场内交易的成交情况编制日报表、周报表、月报表和年报表。

4. 技术性停牌和临时停市

《证券法》第 114 条规定:"因突发性事件而影响证券交易的正常进行时,证券交易所可以采取技术性停牌的措施;因不可抗力的突发性事件或者为维护证券交易的正常秩序,证券交易所可以决定临时停市。"

突发性事件,指在证券交易过程中无法预测或者难以预测其出现的、对证券交易产生较大影响的人为或者客观事件。如证券交易所电脑系统发生故障,备用电脑系统无法替代原系统继续使用,或者发生地震等特殊客观事件,或者出现其他对证券交易秩序产生重大影响的事件,如罢工等。突发性事件是证券交易所决定技术性停牌或临时停市的基本原因。

技术性停牌是停牌的一种方式,是指因某种即时出现的突发性事件影响证券交易的正常进行,由证券交易所采取的、临时停止某种证券继续交易的手段。它与例行停牌的产生原因及处理方法有所不同。技术性停牌的发生原因一般包括两类:一是传播媒介中出现与上市公司有关的信息,包括可能对上市证券的交易产生较大影响的各种情况;二是证券价格发生异常波动。例行停牌于证券交易所规定的期限内出现停止交易的后果,但技术性停牌期限并无确定期限,一般须于查明突发性事件或上市公司做出信息披露后方可复牌。

临时停市是针对整个证券交易所交易而言的,即一旦出现临时停市事件,证券交易所有权停止证券交易所内的全部交易活动。可见,临时停市是证券交易所采取的极端措施。根据《证券法》规定,临时停市的原因有二:其一,不可抗力的突发性事件。在我国现行法律中,不可抗力是指不能预见、不能避免或者不能克服的客观情况,典型者如影响重大的自然灾害。其二,为维护证券交易的正常秩序。这一条件具有相当程度的弹性,它赋予了证券交易所斟酌情况采取停市的巨大权力。采取停市措施,其目的在于维护证券交易所交易的正常秩序,但会对整个证券市场乃至金融市场产生巨大影响。所以,通常仅在出现突发性罢工、暴力事件、电脑故障、恶性炒作等情形下才采取临时停市措施。

5. 限制交易

根据《证券法》第 115 条第 3 款规定,证券交易所根据需要,可以对出现重大异常交易情况的证券账户限制交易,并报国务院证券监督管理机构备案。

(二)对证券公司的监管

证券公司是证券交易所的会员,在对证券公司实施监管方面,《证券交易所管理办法》第六章规定了证券交易所对证券公司的各种监管措施,《证券法》也就证券公司的市场准入规则做出规定：证券交易所制定会员管理规则，并依此对证券公司进行监控；建立市场准入规则，禁止非会员单位进入证券交易所进行集中竞价；证券交易所有权依照规则，决定接纳或开除会员；证券公司必须遵守席位管理规定，严禁违法使用会员席位；证券交易所监督证券公司的财务状况、内部风险控制和业务执行情况；证券交易所有权查处证券公司的违规行为。

市场准入，从狭义上讲是指证券交易所有权对进入证券交易所的人员及其活动加以限制和监督；从广义上讲，市场准入还包括证券交易所有权依法限制或禁止特定投资者的证券交易。

1. 集中交易的主体资格

《证券法》第110条规定，进入证券交易所参与集中交易的，必须是证券交易所的会员。投资者参加证券交易的，应当委托证券公司代为买卖证券。非会员证券公司不得进入直接参与交易，但可委托证券交易所会员单位办理证券交易。

2. 市场准入人员的资格

根据《证券业从业人员资格管理暂行规定》，证券经营机构在证券交易所的出市代表，必须按照规定取得证券从业人员资格证书后，才可在相应专业岗位上工作。

3. 市场禁入人员

《证券法》第121条规定，在证券交易所从事证券交易的人员，违反证券交易所有关交易规则的，由证券交易所给予纪律处分；对情节严重的，撤销其资格，禁止其入场进行证券交易。

（三）对上市公司的监管

证券交易所对上市公司的监管，是建立于证券交易所与上市公司之间的民事合同基础之上的，证券交易所与上市公司间是具有特殊权利义务内容的民事法律关系。上市协议是约束证券交易所与上市公司关系的法律基础。公司申请其公开发行股票在证券交易所挂牌交易的，须事先与证券交易所签订上市协议。上市协议不仅记载着证券法强制性要求记载的条款，也记载着证券交易所会员大会要求记载的条款。上市协议经证券交易所和上市公司签字或盖章后，才对双方产生法律约束力。因此，上市协议是证券交易所与上市公司自愿签署的合同性文件，也是证券交易所对上市公司实施监管的基础之一。

上市公司必须遵守证券交易所规定的各项规则并接受证券交易所的监控。《证券法》对此有概括性规定。我国《证券交易所管理办法》将证券交易所对上市公司的监控，分列为：证券交易所有权制定并执行具体的上市规则；证券交易所与上市公司订立并执行上市协议；证券交易所有权复核上市公司提出的信息披露文件；证券交易所有权督促上市公司依法披露定期报告和临时报告；证券交易所可以采取暂停上市等特别措施；采取其他监控手段和措施。

证券交易所应当对上市公司及相关信息披露义务人披露信息进行监督，督促其依法及时、准确地披露信息。深圳和上海证券交易所股票上市规则还分别从被监管者角度做出区分，包括对上市公司的监管、对上市公司董事和监事的监管、对上市推荐人的监管以及对董事会秘书的监管。

（1）对上市公司采取的处分措施包括：责令改正、内部通报批评、在指定报纸和网站上公开谴责、要求上市公司有关责任人支付3万元以上30万元以下的惩罚性违约金、报中国证监会查处。

（2）对上市公司董事、监事的处分措施包括：责令改正、内部通报批评、在指定报纸和网站上公开谴责、要求上市公司董事和监事支付3万元以上30万元以下的惩罚性违约金、公开认定其3年以上不适合担任上市公司董事、监事、高级管理人员以及报中国证监会查处。

（3）对上市推荐人的处分措施包括：责令改正、在一定范围内或证监会指定媒体上通报批评、在指定报纸和网络上公开谴责、取消上市推荐人资格、报中国证监会查处。

（4）对上市公司董事会秘书的处分措施包括：责令改正、内部通报批评、在指定报纸和网站上公开谴责、建议上市公司更换董事会秘书。

就规定看，国内外证券交易所采取的监管措施基本一致，其种类涵盖了上市公司违法违规行为；尤其是由证券交易所视情节轻重予以处分，能反映出处罚与行为一致性原则。但就处分程序而言，国内证券交易所规则尚未明确给予被处罚者以抗辩的机会。

（四）证券交易所的特殊义务

证券交易所必须向投资者提供安全、快捷的证券交易环境。避免证券交易所的各种风险，既是理想，也是法律规则目的所在，更是国家利益所在。证券交易所在享受特许与特权时，必须承担相应的法定义务和责任。

1. 不得分配共有积累

根据《证券法》第105条规定，证券交易所可以自行支配的各项费用收入，应当首先用于保证其证券交易场所和设施的正常运行并逐步改善。实行会员制的证券交易所的财产积累归会员所有，其权益由会员共同享有，在其存续期间，不得将其财产积累分配给会员。

2. 设立风险基金

证券交易所应当从其收取的交易费用和会员费、席位费中提取一定比例的金额设立风险基金。风险基金应当存入开户银行专业账户，由证券交易所理事会管理。风险基金提取的具体比例和使用办法，由国务院证券监督管理机构会同国务院财政部门规定。证券交易所应当将收存的风险基金存在开户银行专门账户，不得擅自使用。

3. 从业人员回避制度

证券交易所负责人和其他从业人员在执行与证券交易有关的职务时，凡遇与其本人或亲属有利害关系的事项者，应当回避。

4. 不得改变交易结果的义务

按照依法制定的交易规则进行的交易，不得改变其交易结果。对违规交易者应负的民事责任，不得予以免除；通过违规交易所获得的利益，依照有关规定办理。

5. 报告及报批义务

证券交易所对其采取的技术性停牌和临时停市以及实时监控中出现的异常情况，应当及时向证券监管机构报告。对其制定的具体交易规则、会员管理规章和从业人员业务规则等，也应报请证券监管机构批准后实施。

第三节　证券交易所自律监管的必要性分析

一、证券交易所自律监管的理论基础

（一）自律监管的法理基础

"自律监管"与"自律管理"用法的说明："监管"含有有一定的行政强权性，一般而言，证券交易所履行的职责为"自律管理"，这也是《证券法》的用法。但因注册制改革背景下，证券交易所履行的自律职能的确承接了部分行政审核功能，具备"监管"身份。窃以为"监管"具有"监督"和"管理"两层含义，与证券交易所实际履行的职责更为接近。在学术界，"自律监管"与"自律管理"均有采用，如符启林《试论我国证券监管的模式》（载《政法论坛》2000年第2期）、徐明卢文道《从市场竞争到法制基础：证券交易所自律监管研究》（载《华东政法学院学报》2005年第5期）、叶林《证券交易所在减持股份上的自律监管》（载《证券法苑》2017年第3期）等；交易所倾向于使用"自律监管"，如上交所和深交所历年发布《自律监管工作报告》以及制定的《自律监管措施和纪律处分实施细则》等。可以理解为"自律管理"为法律专有名词，"自律监管"为学理表述。本文采"自律监管"用法。

所谓"自律监管"，落脚点无疑是在"监管"，这种词性本来就有一种俯视市场的角度对市场进行监督管理的意思，带有强权性，更直白地说，应该是一种事实上"掌控"或者"把握""引导"市场运行动向的方式，来履行对市场秩序的维护的职责。监督管理理应是对被监管者进行的全方位的、"不可抗拒"式的监督和管理，其带有接受监督的顺从性、认可管理的强制性，被监管者理应是所有与本行业内有关活动的市场主体，例如证券业自律组织的监管对象应是包括所有行业内的提供市场服务主体（包括证券公司、律师事务所、会计师事务所、资产评估机构等）、参与市场交易的主体（包括个人投资者和机构投资者等）以及其他市场参与主体（包括参与证券投资的市场基金、进行投资或交易的商业主体如企业年金、保险等）。但是"自律监管"又有其特别性，因其是"自律组织"进

行的监督管理,而这种类型的自律组织,一般是相应行业的主体自发组成的,由特定行业内的主体自行维护组织的运作和环境,并制定相应规则来规范行业秩序,因此自律组织对成员进行自律管理,某种程度上来说是行业内的成员自愿的,"主动要求"将自己纳入监管范围。虽然理论上来说,有行业内的成员不参加特定行业的自律组织的可能性,但由于特定行业的专业性、特殊性,有的行业甚至受到国家行政主管部门出于维护行业整体利益和国家社会经济安全的考量而进行特别监管,若是未参加相关自律组织,会在会员准入门槛、进行市场活动的便利性和许可性、其他已参与主体的合作程度、商业信誉等方面受到诸多有形或者无形的限制。因此,参加自律组织表面上看是一种"自发"或者"自愿"的行为,但没有参加自律组织的主体已经事实上难以在市场中生存或者直接被市场大环境所淘汰,这种情况已经不是经济学经典学说中的"幸存者偏差"现象,而是事实上的市场个体难以反逆于整体的选择(无论这种选择是自愿的还是"被自愿"的),自律组织也在事实上"必须参加"了,所有行业成员均"强制"(或"被自愿")加入自律组织,成为自律组织的一员,接受自律组织的监督管理。

另一方面,"自律"监管中的自律之含义,也可做新的解释,因为自律组织其实是由行业内的全体成员"自愿"(或"被自愿")加入的,几乎覆盖所有相关市场主体,在自律组织发挥作用时,自律组织就是代表其全体成员的意志,或者说,自律组织就是所有成员的集合,自律组织的行为即是行业内成员的行为,自律组织的"自律"就是行业内成员的自律,此时自律监管中的"自律"已非"自我规制"了,而是"规制自律组织全体成员"。因为从本质上来说,自律组织仅仅是行业内全体成员的一个代表性的机构,是全体成员在法律身份、组织机构上的"投影",规制自律组织仅有合理配置自律组织内设机构、人员配备、财务资金使用、履职高效合理等与自律组织正常运行有关的意思,脱离了行业内部成员讨论对自律组织自身的规制等同于优化自律组织的治理,对研究自律监管的含义是没有意义的。

因此,自律监管不仅仅是"自律性监管",而是以自律组织具体实施的形式,在约束、规制自律组织全体成员的言行的同时,对所有涉及行业市场活动的相关市场主体及其涉及本行业的行为均进行监督管理。

(二)我国证券交易所自律监管的法律基础

经过三十多年的规范和完善,我国已经初步建立了以《证券法》为核心的证券监督管理法律体系。《证券法》为我国证券监管制度搭建了一个宏观的框架,而对于具体制度的细化则以行政法规和部门规章的形式存在。按照制定的主体以及法律效力,可以分为国务院制定的行政法规、中国证监会颁布的部门规章和规范性文件、交易所及证券业协会颁布的自律规则等,这些规定对证券市场各个方面进行了规范,同时也构成了我国证券交易所自律监管的法律基础。

1. 法律和行政法规

《中华人民共和国证券法》是我国证券市场进行证券监督管理的基础性法律，同时也是交易所自律监管权的来源。我国的《证券法》制定之后经历了多次修订1，现行的法律是在 2005 年修订，并于 2006 年 1 月 1 日正式施行，在之后又经历了多次修正，2015 年第十二届全国人大常委会又对《证券法》进行了修订后的第三次修正，逐步地从法律上明确交易所自律监管的法律地位。《证券法》规定了证券交易所是实施自律管理的法人2，同时也明确了证券交易所自律监管的职能和证券交易所自律组织的性质。另外《证券法》第五章也以专门章节的形式阐述了证券交易所的设立、组织架构、权利与义务等事项，并规定证券交易所应当设立章程，可以自由的支配各项费用收入；管理所下属的会员单位并收取一定的会费；对证券交易活动进行实时的监控、为证券交易交割等活动提供服务，并按规定发布即时行情表；证券交易所有权收取交易费用、会员费、席位费并从中计提一定比例资金设立风险基金，由交易所理事会管理。另外国务院颁布的《股票发行与交易暂行条例》《债券管理条例》等法规中也对交易所自律监管有所涉及。

2. 部门规章

部门规章主要指国务院下属的有关部、委制定的命令、指示和规章。部门规章中也对交易所自律监管的内容做出了细致规定，例如：我国《证券法》虽然介绍了证券交易所的法律性质、设立、运营、权利与义务等内容，但是对于证券交易所如何进行自律监管等细节性规定不够细致，为弥补该缺陷，证监会也制定了《证券交易所管理办法》，细化了对交易所会员监管等《证券法》未明确规定的内容。加强对证券交易所的管理，明确证券交易所的职权和责任，维护证券市场的正常秩序是制定该办法的目的。同时，该办法也明确了证券交易所是实行自律性管理的法人。办法在第三章中具体规定了证券交易所的基本职能，包括制定证券交易所的业务规则；组织、监督证券交易；管理和公布证券信息等自律性监管事项。办法第五章、第六章、第七章则分别规定了证券交易所对证券交易活动、对会员和对上市公司的自律监管。

3. 交易所自律规则

除了《证券法》和《证券交易所管理办法》等法律法规、部门规章对证券交易所自律监管做出法律规定外，还存在证券交易所的章程等基于证券交易所与会员的契约式的私法自治关系。因我国沪深证券交易所均为会员制，故在上海、深圳证券交易所设立之初，都设立了交易所章程，但交易所章程制定的均较为简单，此后也未进行过大幅度的修改。交易所章程由证券交易所和会员单位共同起草制定，都确立了证券交易所的自律监管权，确认了证券交易所对会员单位的监管，但多流于表面和形式，并未制定具体的细则。直至 1998 年 6 月 5 日证监会发布了《关于加强证券交易所会员管理的通知》，根据该文件深圳和上海证券交易所先后制订了《深圳证券交易所会员管理暂行办法》和上交所《关于加强会员管理的暂行规定》，并于 1998 年 8 月 3 日得到证监会的同意批复并颁布施行，至此证券交易所对会员的监管才有了比较详尽和具体的实施依据。

到目前为止沪深证券交易所已经形成了包括会员类规则、上市类规则、发行类规则、组织类规则、服务类规则等近十几项自律监管的文件，形成了较为完善的证券交易所自律监管体系。

（三）自律监管的经济学分析

自律监管的源头应在英国，在欧美成熟证券市场逐步发展。在英国早期证券市场起步发展时，其证券交易所采用公司制的形式，因公司制法人的营利性目的，使得证券交易所无论出于公利性因素还是私利性因素，均积极促成一个秩序稳定、健康发展的证券市场，只有这样才能吸引更多公司和投资者参与证券交易、融资活动，这样，维持证券市场良好环境就成为该证券交易所的价值追求，因个体的自利性选择客观上产生了普遍的共同利益，造成了由利己到利公的外部性溢出效应。与此同时，英国著名经济学家凯恩斯（John M Keynes）的观点对英国政府进行经济管理产生了重要影响。他早期属于新古典学派，信奉"自由市场理论"，认为政府随意进入市场将大大影响市场的效率，其主要观点是：在自由竞争的条件下，经济都能通过价格机制自动达到均衡；市场中的三大要素：商品、资本、劳动力均能自行实现供需平衡。一切外在干预都是多余的。什么也不管的政府是最会管理的政府，自由竞争、自动调节、自由放任的经济原则引导市场形成自动调节机制，政府对经济的干预只会破坏这种机制，引起经济的动荡或失衡。这种"市场万能"论被英国主管部门普遍采用，政府管制退出证券行业，也为证券交易所的自律监管提供了广阔的空间，证券交易所的自律管理职能被大大强化。而在二十世纪二三十年代发生的经济危机从根本上转变了凯恩斯和欧美国家政府的经济管理理念，政府干预主义开始占据主流，此时的证券市场，自律监管也到了急需优化的时机，趁着行政权力介入证券监管的机会，交易所的自律监管并没有萎缩，反而承接了部分行政监管职能，提升了监管的层次，由以往的证券交易所、交易商、投资者自我约束，集成到证券交易所统一进行监管。

另一方面，自律也有风险隔离的考量。自律监管的本质目的之一是规范成员的行为，防止市场性、系统性风险失控，维护市场交易秩序。从风险防范的角度看，自律监管的内容应包括风险管理和内部控制。其目的是通过一系列的政策、措施、手段，将各种可能产生不确定结果而引发损失的不稳定因素进行预先控制或事后处罚性惩戒，将不利后果在影响到外部环境之前就在内部消化，避免损失扩大。在操作风险、营业差错、制度缺陷、职责分配不合理等情况下，以自律管理措施及时化解风险和危机的苗头，规范、整治内部成员的不当言行，提升其合法合规进行经济活动的自觉性，以提高全行业的运行效率和安全性，最终实现促成证券市场的价值取向和目标选择，规范证券市场交易秩序。

（四）证券交易所自律监管角色存在的理论基础

在现代国家，证券市场已经是一国金融市场之重要组成部分。证券市场由于其固有特征，具有高投机性和高风险性。加之证券市场的信息严重不对称，极易被少数人所操纵，借内幕交易、操纵市场等行为牟取暴利,侵害广大投资者的利益。市场功能的发挥有赖于一个完善而有效的市场。证券市场的历史发展证明,对证券市场实行放任而完全的自由竞争,政府仅仅充当"守夜人"的角色是行不通的,证券市场存在着"市场失灵",甚至比其他市场更严重。市场不是万能的,为了消除证券市场本身无法克服的各种缺陷和弊端,政府监管必不可少。于是,国家对证券市场的干预主义理论孕育而生。但历史经验同样证明国家监管在弥补"市场失灵"的过程中往往又出现"政府失灵",例如效率低下、监管成本过高等等,有时甚至产生负面效果,反过来阻碍了证券市场的健康发展。特别是我国这样一个新兴的证券市场国家,对内市场各参与方还不够成熟,市场规则和机制也不够健全完善,各种市场违法违规行为也层出不穷。从外部条件看,我国证券市场将逐渐全部对外开放,世界各国特别是发达国家的证券市场的竞争以及国际投机资金对我国证券市场的冲击已经来临。在这种情形下,中国的证券市场要想健康发展,就必须加强监管。

证券市场参与者是一个由投资者、上市公司、证券公司、证券交易所、行业协会、证券服务中介机构和政府监管机构组成的群体,缺少任何一方参与,证券市场都无法正常地运转。因此,考察证券交易所在这个群体中所扮演的角色具有非常重要的理论意义。虽然各国证券市场的监管呈现多元化的格局,但主要市场经济国家无不认识到证券交易所的自律监管对证券市场的良性发展是必不可少的。这就必然要引起我们对证券交易所赖以存在的理论基础进行研究。研究表明,证券交易所从本质上讲并不是一种政府组织,而是一种典型的社会中间层主体,为了把握证券交易所的自律监管功能,因此,很有必要对社会中间层主体的概念及其功能,做些一般性的考察。

1. 社会中间层主体的概念

社会中间层是指独立于政府和其他市场主体,为政府干预市场,市场影响政府以及市场主体之间相互联系的起中介作用的组织或机构,如证券交易所、银行业公会、消费者协会等等。社会中间层主体独立于一般市场主体的特征是:一般市场主体以追求利润最大化为其目标,而社会中间层主体追求的是社会公共利益最大化。

2. 社会中间层主体的功能

(1) 社会中间层主体的服务功能

社会中间层主体的服务功能主要包括两个方面:一是为市场交易和竞争服务,如为市场主体提供人员培训和供给信息、促进商机、辅助商务等;二是通过协调不同市场主体之间,政府与市场主体之间的关系,以有效降低交易费用,提高市场运作效率,包括协调市场主体之间的关系,协调市场与政府的关系。政府是垄断性地强制行使公共权力的组织,这种权力的行使客观造成其行为的扩张,对其他市场主体的不当干预。社会中间层主体在其职责范围内,通过参与政府决策、监督政府行为、反馈市场信息,来影响和制约政府行为,避免"政府失灵"。在政府与其他主体中间,介入社会中间层主体这一媒介,有利于从体制上割裂政府与其他主体的行政"脐带"。更重要的是,它能协调其他主体与政府间的关系,使政府摆脱大量的具体微观事务,提高管理层次和宏观调控能力。此外,一些社会中间层主体采取各种形式传达国家法律和政策，并向政府反馈情况和提出建议，成为政府和其他主体联系和沟通的桥梁。

（2）社会中间层主体的干预功能

社会中间层主体的干预功能包括对市场主体的干预和为政府干预市场服务。对市场主体的干预其主要表现为：一是市场监管，如证券交易所对会员的自律监管。二为政府干预市场服务。经过严格的资格审查并依法成立的社会中间层主体，其执业人员具有各种专业技术优势，能保证其公正性和权威性，因而可以接受政府机关的委托，对市场主体向社会公布的各种经济信息进行测算核实；协助政府拟订行业规范和从业者职业道德规范，并对市场主体行为的规范性进行监督；接受政府的委托对从业者进行培训等。

由此可见，社会中间层主体既解决了自由主义思想对市民社会的高估和对国家的不信任，也解决了国家极权对各个方面的绝对干预，主张国家对经济的介入是适当性的选择。它作为一种介于政府与市场之间的社会组织形式和调节机制，在一定程度上可弥补政府和市场两个方面的缺陷，起到政府与市场不能起的作用，其基本使命在于弥补市场和政府的"双重失灵"。这是证券交易所实行自律监管的理论基础。

二、证券交易所自律监管的优势

在证券市场中，会自发产生纯粹自律管理意义上的证券监管，其产生的时间先于他律监管。自律监管的制度原则与证券市场发展是相伴而生的，被认为是证券市场得以繁荣发展的根基。很多学者也对自律监管的优势进行了研究和阐述。Brain R·Cheffins 将之归纳为：灵活性、专业知识、低费用。Peter Cane 将之归纳为：减少行政干预、降低运作成本、丰富管理手段和方法、专门化、高效率、机动性。Margot Priest 将之归纳为：实践经验及专业优势、分担政府行政压力、灵活性、低投入、执行的便捷、施加更高的道德标准。Robert B. Thompson 将之归纳为：自觉性、灵活性、专业化以及分担监管成本。同时国际证监会组织（IOSCO）也指出，监管体制应根据市场规模和复杂程度，适当发挥自律组织对各自领域进行直接监管的职责。从证券市场自律监管的实践来看，自律组织的形成与发展也能够适应证券业行业保护、协调与行业监管的发展趋势，一个成熟证券市场监管体制中应当构建一个健全有效的自律监管体系。

（一）自律监管可以分担政府成本与压力

为达到证券市场运行的公平、公正和高效的状态，需投入大量的资金与人力成本。如果由政府来组织监管，那么监管的费用绝不可低估。政府监管之下，需要资金用于监管机构和服务人员的开支；监管规则的制定、监管信息的收集与分析及实施监管等都需要成本；此外还有监管对象的守法成本、监管所导致的寻租与论租成本以及反腐败的成本、过度监管所导致的效率损失等。但若证券交易所实施自律监管，则交易所可以分担政府的开支，政府可以根据市场的要求和变化，合理分配监管资源，集中精力解决证券市场监管中的难点疑点，使有限的监管资源发挥最大的效果。另外，证券交易所作为非政府机构，具有财务独立、信息直接、市场熟悉的特点，这些优势正是保证证券监管效果的前提，由交易所自律监管作为证券市场监管的主要手段，能够大大节省政府的财政开支。

另外在政府监管下，监管者在执行法律时，由于其特殊地位，管理者既是规则制定者又是违法行为的查处者，没有相应的监督机构来规制其行为，并且由于法律自身的不完备性，故其会在利益的驱使下，对法律做出偏向自身利益的理解，从而违背制定法律的目的。这样政府在行使行政监管权的时候，必然会带来相应的行政责任和社会舆论压力。假若证券市场监管权由政府垄断行使，那么政府则承当所有的政治压力，但如果政府允许自律组织的参与，赋予证券交易所以自律监管权，那么自律组织可以分担政府之前承担的政治压力，缓和政府与社会群众之间的矛盾。

（二）自律监管更符合专业性的要求

银行、证券、保险等几大行业构成了一国金融体系的基本框架，而证券业又居于一个国家金融系统金字塔的塔尖，能够汇聚国内外的金融、法律等各行业的优秀人才。同时证券市场又是一个高度集中化和连续化交易的市场，为保证交易活动的安全性和准确性，证券交易所会储备大量具备证券专业知识的人才，同时他们大多会参与证券市场的实际运作，能够更好地运用专业知识处理证券市场上的实际问题，保证证券交易的有效展开。

（三）自律监管具有灵活性

自律监管相对于政府监管具有灵活性的优势，交易所自律管理在规则制定、执行等方面要优于政府监管，从而能够以最简洁高效的方式处理证券市场中出现的问题。这种优势能显著提升监管的效率和水平，其主要表现为以下四个方面的内容。

第一，在规则制定方面，交易所可以快速根据市场变化，主动的对证券交易规则进行调整和改进，可以不用像法律或行政法规那样经历漫长的立法周期，因而更具有时效性。

第二，在信息监管方面，交易所在证券市场的最前线，比行政监管天然的具有熟悉市场的优势，当市场出现异常之后能及时地发现问题，了解市场的情况，及时的采取行动。

第三，在执行方面，证券交易所的自律管理措施和执行，都要比行政监管更加灵活，可以在某些方面具有相当的弹性。

第四，制度评价上，与证监会行政监管方式的刻板性、机械化相比，交易所的自律内部控制机制和外部管理方式会更加的自由和开放，能以最简洁的工作方式完成监管任务。

（四）自律监管具有自愿性

交易所及其成员制定并执行自律规则，有极强的实施自律监管的内部动机和愿景。由自律组织实施自律监管，实现了由市场决定市场的转变，减少行政干预，能够增加投资者的认同感，交易所及其成员也可以从中获益。证券市场重视公开、公平，一个有序和富有活力的市场环境对投资者具有很大的吸引力，故交易所为了提升其市场吸引力，会自觉、主动的实施管理活动。另外，由于政府监管是一种他律的行政监管模式，在政府监管过程中，政府与市场参与者之间一般是一种矛盾的关系，监管者与被监管者很难获得目标和动机上的认同，导致证券市场运行不理想。但是由交易所实施自律监管则不同，交易所的自律监管是市场共同体共同参与的自我管理，被管理者同时也是市场的参与者，交易所制定的交易规则容易获得市场参与者的充分理解与认同。且其遵守的规则是由从业共同体为维护自身利益而制定的，规则的遵守能带来有序和公平的投资环境，因而愿意自觉遵守。

（五）自律监管具有道德上的补遗作用

法律并非万能的，涉及道德伦理、商业伦理层面的事项时，法律往往无法做出有效的调整。政府在对证券市场进行调节的过程中，在某些领域一般只能对证券活动的参与者进行舆论引导，无法发挥法律的作用，且法律只是规定了证券活动最低的准则。但是交易所作为自律组织，在法律规定的范围内，其有充分的选择与自由度。证券交易所在制定自律规则时，可以对其内部的成员施加更多的道德方面的要求和影响。自律规则在制定程序上的灵活性，可以用多种形式对现行法律进行补充，把法律规定不够细致的地方以交易所规则的形式体现，既能够规范证券市场，又能够细化法律规定，变相的把立法理念推进到市场的各个角落。同时，法律国家性的特点使其不能干涉主体自由的交易行为，但是自律规则的社会性可以对市场主体提出更多的要求，让市场活动的参与者不仅遵守法律规定，而且遵循最基本的道德规范，合乎社会的价值判断。行业道德监管，已经成为政府适当监督下实质程度上的自律。美国就有学者指出，应当将交易所与全国证券交易商协会视为实现正当程序规则（Due Process Clause）与其他宪法保护措施目的的参与者，这种准自律型组织具有准政府角色的性质。

证券交易所的自律监管既不以政府财政为收入来源，又能以更快的监管速度、更低的监管成本、更强的市场竞争来实现对市场监管的预期效果。因此证券交易所高效率的自律监管是保持市场信心、强化市场诚信、推动市场健康发展的有力保证。通过有效的市场监管，打造公正、透明的市场投资环境，从而保障交易的安全性，降低市场的风险。目前世界大多数国家都在探索政府监管与行业自律监管有机结合的最佳点，这也将成为今后世界各国证券市场监管体制改革共同努力的方向。

第二章 我国证券交易所自律监管现状

我国交易所在政府推动下设立，且历史很短，与国外几百年来自然演进的交易所在自律文化传统、发展路径上不同，在自律监管方面也有很多不同。具体包括：第一，我国交易所是政府产物，是政府推动下的一种制度引进和推行，包括组织形式在都是由政府一手打造，其对市场监管需要政府进行引导。交易所容易对这种父母式的引导形成依赖，自律监管的内部动力欠缺。第二，我国交易所自律监管权力来源中很大一部分是证监会授权。这种行政权转移容易使交易所受到证监会左右，影响交易所自主性和权威性。第三，我国交易所自律监管是对证监会直接监管证券市场的补充。国际上成熟证券市场不管采用何种监管体制，都遵循市场发挥优先作用，主要依靠交易所来进行自律监管，行政监管主要通过监督交易所来宏观监管证券市场，是对交易所自律监管不足的补充。但在我国，交易所没有发挥出其应有的自律监管效用，仅在行政监管不想发挥或者适合发挥作用的范围起一些辅助监督与管理作用，这与西方成熟证券市场的监管体制本末倒置，严重影响了交易所独立地位和自律监管空间。我国交易所发展历史很短，各方面都还不尽完善。这使得交易所不能盲目效仿成熟交易所的做法，而是要从自律传统薄弱的实践出发寻找适合的监管体制，平衡与行政机关的关系，确立交易所独立法律地位，保障自律空间。

第一节 我国证券交易所监管的法律现状

对交易所自律监管的规定以《证券法》为核心，以《证券交易所管理办法》、交易所章程、业务规则等作为细致性或补充性规定。自1998年制定《证券法》之后，交易所自律监管就有了法律依据，但当时法律规定的自律监管空间窄小、职能有限，严重限制了交易所自律监管职能发挥作用，制约了证券市场发展。为了适应证券市场发展，强化交易所自律监管职能，《证券法》经过了四次修正。2017年国务院还颁布了《证券交易所管理办法》，对交易所独立地位和自律监管职能等问题进行更加具体的规定，政府努力地将手中监管权归还给交易所。

一、证券交易所的法律地位

（一）对证券交易所法人属性的规定

《证券法》第 102 条规定交易所是实行自律管理的法人，具体属于何种法人类型，法律中没有明确规定。《证券交易所管理办法》中也没有对交易所具体法人类型进行规定。国际上交易所存在社团法人和公司法人两种组织形式。沪深交易所均不以营利为目的，在国家企业信用信息公示网上也查询不到相关信息，显然不是公司法人。但是其是否属于社团法人，理论界一直存有争议。有学者认为其采用会员制形式，理应属于社团法人。其实会员制与社团法人之间并不存在必然联系，而且沪深交易所产生和设立与社团法人也有本质区别。有学者认为沪深交易所由政府主导，主要管理人员由政府任命，运营过程受到行政权力直接干预，由此认为交易所是事业单位。虽然沪深交易所具体法人类型不明，学理中也没有形成统一见解，但本文比较倾向认为我国现行交易所应该归类为社团法人。因为我国交易所虽然不是传统意义上由成员自发组成的社团组织，但考虑到其产生特殊性，以及相较于事业单位法人的优势，为确立交易所独立法律地位和增强自律监管职能，将交易所定义为社团法人是有重要意义的。社团法人属性阻断了行政机关直接介入交易所的根基，有助于保障自律管理权利不被行政权侵犯。此外，经过几十年发展，政府开始正视对交易所直接监管存在的不当，积极归还管理权给交易所。故将当下交易所归类为社团法人与这一理念相符，也有助于交易所自律监管权空间扩大。当然这只是针对当下具体实践而言的，如果结合当今的发展趋势，为增强交易所自律监管空间等可能需要适时推行公司化改革。

（二）证券交易所的组织形式

《证券法》没有明确规定交易所组织形式，但是根据《证券法》第 110 条规定，可以从侧面证明交易所采用会员制组织形式。没有具体规定的原因很可能是为交易所公司制改革预留法律空间。《证券交易所管理办法》专门设第三章规定交易所组织，其中第 17 条规定，交易所采用会员制。另外，深圳证券交易所章程中都明确规定，其属于会员制。会员制组织结构包括会员大会、理事会、总经理和监事会，这可以从《证券交易所管理办法》中知晓。其中会员大会是最高权力机构，决策机构是理事会，总经理负责日常工作，监事会是监督机构，监督这个交易所在合法合规情况下开展活动。《证券交易所管理办法》还对这些组织机构人员的任免进行了规定，其中规定非会员理事由证监会委派（第 23 条），总经理由证监会委任（第 27 条），专职监事由证监会委派（第 30 条）。《证券交易所管理办法》还规定会员大会拥有章程制定和修改权（第 18 条），但是第 19 条规定章程制定和修改需要经过证监会批准。这意味着实质性权力在证监会手中。

（三）证券交易所与证监会的关系

《证券法》第179条规定证监会对交易所实施监督管理。《证券交易所管理办法》第4条，交易所由证监会监督管理。从法律规定来看，证监会与交易所之间是监督与被监督关系。与此同时，《证券法》规定交易所制定和修改章程，需要经过证监会批准（第103条）；交易所总经理需由证监会来任免（第107条）；交易所风险基金提取比例和使用方法须由证监会和国务院财政部门共同规定（第116条）；第118条规定交易所在依法制定一系列业务规则时需经过证监会批准。证监会对交易所享有的这些权力显然不是监督意义上的权力，而是具有实质意义的领导权。故交易所与证监会之间是一种依附的准行政关系，交易所受到证监会方方面面领导和干预。

二、证券交易所自律监管的主要职能

交易所天然拥有对证券市场进行自律监管权，为了保障交易所享有这些监管权，各国普遍以立法方式将其以权利的方式确定下来，保障其行使权利时不被干预。我国也不例外，《证券法》规定交易所是自律管理法人，从法律角度确立了其自律监管权利。《证券交易所管理办法》第1条就规定交易所具有一线监管职能和服务职能；第6条明确规定，交易所实行自律管理；第7条对监管职能进行了具体规定；并分别设专章对职能进行详细规定。具体包括：为交易活动提供场所、技术和服务；制定修改章程与业务规则；维护证券市场秩序；审核并通过或拒绝证券上市，根据具体情况决定证券暂停上市、恢复上市、终止上市和重新上市；组织监督和管理证券交易活动；依法依规则对会员和上市公司进行监督管理等。从监管对象而言，交易所享有的自律监管职能包括：

（一）对会员自律监管

《证券法》虽然专门设定第六章对会员即证券公司进行规定，但是除了原则性规定交易所是实行自律管理法人外，没有对自律监管会员的职能进行具体规定。明确规定交易所拥有对会员自律监管职能的是《证券交易所管理办法》的第7条；该规章还专设第五章来规定对会员享有的自律监管职能，其中第45条明确规定，交易所应当制定会员管理规则。交易所对会员自律监管职能具体包括：对会员资格进行管理，并监督会员是否一贯具备资格标准；对会员日常活动进行管理和监督检查；有权调查会员的违法违规行为并采取收取惩罚性违约金、取消会员资格等纪律处分。

（二）对上市公司自律监管

《证券法》只是原则性规定交易所享有自律管理职能，并没有具体规定对上市公司而言交易所享有哪些具体自律监管职能。但是却规定交易所制定上市规则需要经过证监会批准（第118条）。《证券交易所管理办法》中设专章第六章对上市公司自律监管进行了规定。

其中第 57 条规定，交易所应当制定上市规则，包括上市条件、程序和披露等内容，对证券停牌、复牌标准和程序进行规定，对暂停上市、恢复上市、终止上市、重新上市条件和程序进行规定，对违反上市规则行为进行处理的规定。该办法明确了交易所与公司之间是民事契约关系。交易所对上市公司进行自律监管还体现在对上市公司信息披露的要求。另外，根据《证券交易所管理办法》的规定，交易所对上市公司拥有实质性管理的职能，可依据具体情形在必要时采取规章中规定的措施。例如第 62 条规定，为维护市场秩序可以拒绝上市公司的停复牌申请，对证券强制停复牌。

（三）对交易活动自律监管

对证券交易行为和活动进行自律监管，维持正常市场秩序，是交易所自律监管中最核心的部分。交易所拥有制定具体业务规则并依此对交易活动进行监管的权力。《证券法》第 48 条规定，拟上市公司若想在交易所内上市交易，需要向交易所提出上市申请，经交易所审核同意后，双方才能就公司上市达成一致，签订上市协议。第 50 条对申请股票上市的股份公司标准进行了实质性规定。第 55 条对暂停股票上市交易的情形做了具体规定，交易所有权以该规定对上市股票做出暂停其上市的决定。《证券交易所管理办法》中设专章第四章对交易所享有监管证券交易活动的职能做了专门规定。交易所对证券交易活动的主要监管职能包括：对证券交易方式、流程、风险控制和规范事项有权进行规则设定；可以根据具体情况采取暂停、恢复和取消交易的措施；对交易异常情况进行认定和处理；对违反交易规则的行为进行处罚等。

（四）纪律处分

制度维护需要一定责任义务做保障，离开了制裁措施责任就形同虚设。交易所自律监管职能发挥有效作用同样也离不开制裁措施。《证券交易所管理办法》第 12 条规定，交易所应当按照章程、协议等对违法违规行为进行自律监管或者纪律处分，这是交易所自律监管的权力属性，是其必须要履行的义务。第 13 条明确规定，交易所应当在业务规则中明确自律监管的措施或者纪律处分的具体类型、适用情形和适用程序。

第二节 我国证券交易所自律监管中的问题及原因分析

一、我国证券交易所自律监管中存在的问题

经济体制、政治体制的改革促进了证券监管体制发展，相关立法和实践活动也在逐步发展完善，但证监会对交易所进行直接监管的情形依然很多。由此造成交易所独立地位缺失、自律监管权限不清、手段单一等问题，自律监管职能在范围界定以及运行中都受到严

重阻碍。这些问题迫切需要被解决。

（一）主体缺乏独立性

证券交易所缺乏独立性，导致自律监管范围窄小，独立性缺失致使其在履行职能时缺乏内部积极性。我国《证券法》与《证券交易所管理办法》中明确规定证监会和交易所之间是监督与被监督关系，但在深圳证券交易所章程中却明确规定其"在证监会领导下开展活动"，交易所在观念上就认为证监会是其领导的上级机关，需要对证监会负责，实践中就演变成为证监会命令和决策的执行机构。交易所独立性不足具体表现在以下方面。

1. 人事任免行政性

交易所内部治理结构受控于证监会，证监会有权任免最高权力机构会员大会的高级管理人员。《证券法》和《证券交易所管理办法》规定，高级管理人员任免的程序以及任免决定权。其中，交易所总经理，由证监会来任免；理事会中非会员理事由证监会来委派，非会员理事占理事成员总数三分之一以上；专职监事由证监会委派。从深圳证券交易所官方网站上也可以看到高级管理人员中有一大部分都有着在证监会工作的经历。由证监会来任免交易所高级管理人员，说明这些高级管理人员的命运与行政机关证监会之间有着千丝万缕联系，致使这些高级管理人员极可能为了自身利益只会对证监会负责，听命于证监会领导，对行政机关决策无条件服从，而不会去根据证券市场实际情况对交易所进行管理。交易所独立性受到影响，成为证监会下属机构，自律监管职能不能独立自主发挥其优势作用。

2. 证监会对证券交易所业务过度干预

《证券法》对交易所自律监管只是进行了简单概括规定，可操作性不强，没有对自律监管职能进行具体规定。作为部门规章的《证券交易所管理办法》对交易所自律监管进行了比较细致明确规定，但由于其规章性质，在对交易所自律监管进行规定时容易被认为是一种行政授权，不利于交易所独立地位的形成。自1997年证监会开始对交易所进行统一监管之后，交易所在很长一段时间里完全没有自律管理权力，后来政府逐渐下放监管权给交易所，交易所才在证监会强势监管下享有一丝监管权。当然，直至今日交易所自律监管权的空间已经扩大很多。但是，证监会依然不会将对证券市场监管的权力全部归还给交易所。结合本章中对交易所自律监管法律现状分析中可以看到，证监会对交易所自律监管的方方面面都存在着过度干涉问题。交易所对会员和上市公司自律监管、对交易行为和活动自律监管以及纪律处分都受到了证监会直接而强势的干涉。例如，《证券交易所管理办法》中第10条规定，交易所涉及上市新的交易品种或者对现有交易品种做出较大调整，要经证监会批准；涉及交易方式创新或者对交易方式进行较大变化也要经过证监会批准。可见，我国交易所独立性严重不足，自律监管空间受到证监会挤压。

3. 证监会对交易所章程、规则的制定和修改拥有决定权

2017年出台的《证券交易所管理办法》对交易所享有制定和修改章程、监管规则的权力进行了明确。但根据《证券法》103条规定，交易所章程必须要经过证监会批准。交易所属于社团法人，章程的本质是会员之间互利性合同，合同签署与订立属于私法上的行为，没理由需要经过官方同意。证监会对交易所章程进行批准并没有法理上的依据，也不符合各证券市场中的做法。从实践来看，沪深交易所章程主要是对《证券交易所管理办法》进行细节性补充，并没有提出新鲜的东西，从根本上反映的是政府意志，而非市场意志。

依据市场发展规律，政府可以引导交易所的自律监管活动，但不能左右交易所进行活动，要尊重交易所独立性和自律监管空间。由于我国证券市场早期重视行政监管而弱化自律监管的意识一直延续至今，目前的情形是政府过度干预交易所自律监管，使得沪深交易所在现实中演变成为证监会下属机构，忘记其本身自律组织的属性，丧失独立性。独立性缺失使交易所自律职能发挥作用极其有限，又由于其对证监会产生依附，在进行自我管理时缺失积极性。在全球交易所竞争激烈大环境下，筹资和投资既是稀缺资源又是重要资源，各交易所为吸引更多投资者和上市公司，就必须优化其场内交易环境，完善自律监管措施，创造和维持良好市场交易秩序，以适应和应对国际竞争。我国交易所要想在这种大环境下生存并与世界各交易所进行竞争，就必须进行一定改革，强化自律监管职能，丰富自律监管手段。

（二）证券交易所自律监管范围有限

1. 证券交易所自律监管范围受限

作为证券市场最前沿的监管者，交易所对证券市场健康发展有着重要作用，理应享有充分自律监管权来应对出现的各种问题。虽然新颁布的《证券交易所管理办法》已经努力想要将政府手中监管权归还给交易所。但是，交易所自律监管职能并没有因此得到很大改善，自律监管空间依然受到严重限制。行政权具有天然扩张性，在与交易所的关系中依然如此，我国交易所自律监管范围受到证监会大肆挤压。交易所章程与业务规则一般是在证监会制定的规章下进行重复或细致规定，其内容多体现的是证监会意愿，交易所的自主与自治在其章程和规则中体现的较少。如此，交易所也习惯依赖证监会全方位领导，因为这样一来交易所不用对其自律监管职能进行思考，更不用对其监管行为承担责任。造成交易所在行使自律监管职能时缺乏自主性与积极性，制约自律监管作用的有效发挥。证监会作为行政机关，理应保持谦抑性，减少对交易所监管，但是从目前证监会与交易所关系来看，证监会把交易所变成了自己的附庸机构，俨然已经超过了其应该管理的界限。

此外，在对证券市场进行监管的活动中，交易所与证监会监管界限往往不清晰。法律对此也没有具体明确，交易所自律监管职责与政府监管职责分工不明，不仅不利于确定责任主体，而且容易在承担责任时产生互相推诿的情况。交易所与证券监督机构都是证券市场中重要监管主体，两者之间的关系一直以来也备受各国重视，监管体制在很大程度上反映了交易所与证券监督机构之间的博弈。国际证监会在一次报告中指出，法律应当对证券监督机构监管职权和交易所的自律监管职权进行清楚划分和界定，以明确各自监管范围。

但是我国交易所自律监管与证监会行政监管之间存在着划分不明、界限不清等情形，关键是交易所自律监管权限缺乏明确法律界定，这就为证监会入侵交易所自律监管空间提供了机会。在很多情况下，交易所与证监会监管范围往往出现交叉和空白地带，尤其是在对证券市场中违法违规行为进行监管时，交易所和证监会存在着严重的分工不清。《证券法》中明确规定，证监会拥有对违反证券市场监管法律法规行为的查处权。《证券交易所管理办法》中规定，对证券交易中违反法律法规行为，交易所负有发现、制止和上报等责任，并有权在其职权范围内进行查处。这意味着证监会和交易所都拥有对违法违规行为的查处权，但是法律法规没有对证监会和证券交易所之间的权限做出进一步的划分。对于这种情形，对违法违规行为双方都视而不见或者都要争夺监管权就时常发生。确立交易所自律监管职能，就需要以法律的方式明晰交易所享有哪些自律监管职能。

2. 证券交易所不注重行使自律监管职能

交易所自律监管具有完整性，包括从监管规则制定实施到对纠纷解决。根据《证券交易所管理办法》的规定，交易所制定交易规则应当包括交易纠纷解决等内容。作为交易规则制定者与交易程序规范者，交易所对证券市场中纠纷解决可以发挥便捷高效等优势，提高解决纠纷的效率，另一方面也可以有效防止其他权力介入。交易所可以依据交易规则等规定，对纠纷主体进行及时调解，并凭借其专业性与权威性获得纠纷各方的认可。但是我国交易所在纠纷解决中发挥的作用极小，证券市场中的纠纷往往都要诉求政府出面来解决。交易所纠纷解决机制没有建立起来，相关立法中并没有具体规定交易所对纠纷进行处理的具体职责和程序。最重要的是交易所自身不重视对纠纷解决职能的行使，这是对交易所自律监管资源的极大浪费，也使得现有证券纠纷的解决缺乏效率。

（三）证券交易所自律监管实施不严

证券交易所不仅自律监管空间狭小，而且在有限监管空间内还存在着监管不严的情况，自律监管力度不足是另一个急需解决的问题。交易所场内市场上欺诈发行、内幕交易等违法违规行为屡禁不止，交易所的自律监管并没有在多大程度阻止这些行为发生，最重要原因正在于交易所处罚力度太低，致使市场参与者违法违规成本太低，获利却是丰厚的。另外交易所处罚手段过于简单，现有的实质性自律监管手段不足以应对证券市场的快速变化和出现的各种问题。例如，纽约交易所和法兰克福交易所都拥有对违法违规行为进行任何监管的手段。而我国交易所自律监管手段被法律和规章等严格限制，行使监管和处罚的手段单一软弱。常用的自律监管处罚手段是警告、通报批评等，这些处罚措施对违法违规者而言造不成什么影响，行为人依然会为了利益违反法律和交易所规则。我国交易所拥有的处罚措施远远不足以遏制证券市场上违法违规行为发生，况且沪深交易所在实践中已经演变成为证监会处罚决定的执行者，这样一来其执行的处罚措施都是证监会决定，交易所自律监管权威性被削弱；又由于证监会这一行政主体固有缺陷，对证券市场反应不够灵敏，常常出现监管滞后等情形，交易所执行证监会决定受此影响，对证券市场监管不足。故交易所独立地位的缺失致使其权威性不足，自律监管又往往执行不足。

此外，交易所经过几十年发展，使其利益群体固化，交易所很可能为了自身或者某些利益群体利益而放松自律监管。例如，交易所为了吸引上市资源而对上市公司的某些违规行为视而不见；为了不对自己的声誉产生消极影响，对一些违法违规行为不进行查处。交易所也会因此而自律监管不严。

（四）针对证券交易所自律监管行为的司法介入缺失

交易所在行使自律监管职能过程中并非都能恰当、及时。交易所行使自律监管职能过程中极有可能损害到证券市场参与者利益，面临着诉讼的可能，适度的引入外部力量来监督交易所积极规范行使自律监管是一项重要课题。从国际上看，证券市场监管体制成熟的国家往往引入司法权来对交易所自律监管进行督促，来监督交易所自律监管行为，同时为防止司法权变异为行政权，又积极采用制度设计来限制就交易所自律监管行为提起诉讼。司法权介入的监督对提高交易所进行自律监管的积极性是极有利的。但我国对交易所自律监管行为的司法介入没有形成体系，司法权监督没有跟上证券市场发展。目前仅有2005年最高人民法院颁布的《关于对与证券交易所监管职能相关的诉讼案件管辖与受理问题的规定》，专门对交易所自律监管的诉讼问题进行规定。该司法解释明确了交易所自律监管行为具有民事性质，并对案件管辖法院进行了统一，有助于司法统一。但其并没有明确交易所自律监管具有民事性质，而是模棱两可的认为交易所自律监管具有民事或者行政性质。从适用效果来看，法院虽然不再否认原告诉权，但审判结果上却极力避免卷入纠纷之中，想方设法否定原告诉求。从裁判文书网上可看到的针对交易所监管纠纷案例中，从未出现过交易所承担法律责任的判决。

二、证券交易所自律监管问题存在的原因分析

我国交易所为何在自律监管方面发挥的作用如此有限，其在法律规范和实践中的问题该如何进行解决，就要求我们要探究这些问题的原因。

（一）不重视契约精神，自治文化缺失

我国历来都不重视契约精神，契约意识缺乏，致使因契约而形成的自治文化生存根基薄弱。与我国交易所建立与发展历程不同，西方国家交易所是自发形成的，市场参与者自愿达成契约组建交易所并进行自律监管，自律监管的意识较强。尤其是伦敦证券市场中自律型监管体制的形成离不开其重视自治的文化传统。我国交易所是政府推动下的制度变迁，自律监管权是政府逐步放弃监管权而给予的，缺少了契约的推动作用，交易所自律监管自主性低下。会员和上市公司契约精神不强，经常会出现为了经济利益，不遵守交易所章程、上市协议等情形。交易所因为不是在契约推动下形成，自治管理的根基不牢固。

（二）立法不到位，法律体系不健全

交易所自律监管方面立法滞后，法律规范层次不分明，对自律监管职能规定不明确，交易所自律监管职能法律依据不足，阻碍了交易所发展。《证券法》中对交易所自律监管职能仅有简单原则性规定，对交易所具体属性规定更是模糊不清，交易所独立法律人格未能在法律中以得以确立。因此导致的后果之一就是：没有从法律上和法理上阻断行政机关对交易所的介入，交易所自律监管和行政监管界限不清晰，交易所自律监管缺乏系统性和规划性，没有形成体系。另一方面，《证券法》对交易所自律监管职能进行规定，并没有体现对交易所自律监管权的尊重，更多是体现一种行政授权思想，忽视交易所自律性。此外，以《证券法》为核心的交易所法律体系没有形成，《证券交易所管理办法》属于规章性质，其对证券交易所自律监管权的规定体现了行政放权的理念，没有尊重证券交易所的自律性。

（三）司法权对证券交易所的监督作用有限

上文已经分析过交易所自律监管具有权力性质，需要外部力量介入来督促交易所规范积极地行使自律监管职能。由行政权对交易所自律监管行为进行监督容易妨碍交易所独立性和自主性，但是司法权具有被动性、中立性等特征，可以替代行政权成为监督交易所自律监管的重要力量之一。此外，我国交易所在实践中行政化太强，对证监会形成依赖致使其自律监管的动力不足，只有适时介入外部力量来平衡强势的行政权、督促交易所积极地行使自律监管职能才能发挥交易所最前线的市场作用。但是目前我国司法权没有在监督交易所自律监管方面发挥出应有作用，司法介入没有形成惯例，也没有相关的法律做依据。针对交易所自律监管的司法审查体系尚未形成，交易所对证券市场自律监管的外部积极性不足。此外，法院对交易所的自律监管行为定性存在随意性。例如，同样是针对证券交易所自律监管行为的案件，法院可以随意地将其定性为民事行为或者行政行为。这种随意性对交易所自律监管的督促作用是不利的。

（四）我国证券市场新发展对证券交易所自律监管的影响

研究交易所自律监管，不能忽视证券市场新发展对交易所带来的影响。把握新的趋势，才能促进交易所在新形势下取得良好发展，交易所自律监管才能有效发挥积极作用。新发展趋势及影响有以下几点。

第一，股票发行注册制改革正在顺利推进。注册制是相对于审核制而言的，是指申请公司在拟发行股票时，只要符合法律和交易所规则要求，即可发行股票，交易所不对申请公司的经济实力进行审查，只从形式上审查相关材料的真实性、完整性和符合性等。目前《证券法》规定股票发行实行核准制，注重审查拟上市公司的经济实力，目的是保障投资者利益。但2015年12月27日开始，经全国人大授权，国务院开始着手实施股票发行注册制改革，目前改革期限已延长至2020年。从2017年最新公布的《证券法（草案）》可以看出，目前股票发行注册制改革取得了一定的成功经验，立法机关和证监会有意采取以立法方式将注册制确定下来，即：将股票公开发行与上市相结合，采取合并审核，审核权由交易所享有。这样一来尊重了市场的规律和选择，将交易所对上市公司的自律监管范围从上市扩大到发行与上市。监管的重点从事前转向事中和事后，主要关注上市公司的信息披露以及违法违规行为。为保护投资者利益和维护市场秩序，需要交易所对上市公司的自律监管中增强相关的处罚权限，来对上市公司进行有效监管。

第二，证券市场国际化程度越来越强。证券市场国际化包括：投资者国际化、融资者国际化、交易行为国际化。当今社会，经济全球化势不可挡，跨国公司的发展以及金融市场间融合与竞争，使许多公司开始走出国门在国际市场上寻求融资和投资。国际市场平台大于一国证券市场，融资能力更强，抗风险水平更高，由此国际化是证券市场的必然趋势。证券市场国际化势必加剧各交易所之间竞争。为了吸引上市公司及投资者，必定努力增强自身竞争力，加强自律管理，维护其场内秩序。对我国交易所而言，就是要以积极开放的心态参与到国际竞争中。同时这也需要加强我国交易所与国际上各交易所的合作与交流，积极借鉴成熟交易所的有益经验。

第三，证券交易网络化逐渐成为主流交易方式。随着信息技术发展，证券交易网络化给投资者和融资者带来便捷，越来越被各交易所所重视。信息技术发展带给交易所冲击是不言而喻的，例如，芝加哥证券交易所关闭了交易大厅，全部交易都采用网络方式。这不仅意味着交易快速便捷，更意味着证券市场扩大，交易所只有扩大自律监管范围才能应对扩大的市场和多元的交易方式。网络给证券市场带来便捷的同时也带来更多风险，网络的隐蔽性和虚拟性，致使其引发的违法违规甚至是犯罪行为的证据难寻。这不仅是某一国交易所会遇到的问题，更是世界范围内交易所都会遇到的问题。对此，我国交易所要积极采用安全可靠的技术，努力提升自律监管效用，提高打击违法违规行为的力度，积极加强国际间合作与交流。

第四，交易所组织形式多样化。会员制曾一直为各交易所采用，是交易所组织形式的经典。但自1993年斯德哥尔摩交易所将会员制改为公司制之后，全球各交易所相继进行改革，其中处于世界证券市场核心的伦敦证券交易所和纽约证券交易所都完成了公司制改革。公司制交易所改变了以往非盈利模式，组织形式仿照公司治理结构，由股东进行控股，交由专业管理团体和经理进行管理，采用公司形式。这种交易所具有公司特点：以盈利为目的，并为场内交易提供连带担保。交易所为了盈利目的，势必努力经营，注重自律监管效能的发挥；为了防止无限承担连带责任必定加大对证券市场监管力度。证券交易网络化和市场国际化必定加快交易所发展，加剧交易所之间竞争，各交易所为了在竞争中凸出优势势必减少成本、优化交易环境等，这就促进了交易所公司制改革。全球范围内公司制改革正处于热潮，我国交易所目前虽未具备公司制的成熟条件，但是也不可回避该发展趋势。

总之，证券市场新发展趋势要求交易所从强行政监管的束缚中解放出来，注重自律管理，努力营造良好的交易环境，积极提升自身竞争力，以积极开放的心态融入国际竞争中。而我国现有的法律和司法现状已不能很好适应市场新发展对交易所自律监管的要求，交易所自律监管亟待完善。

第三节 我国证券交易所自律监管面临的新趋势

当前，全球资本市场正进入一个大分化、大变革和大整合的时代，交易所自律监管出现了新的动态、面临新的挑战、产生了新的问题。20世纪90年代以来，国际证券市场呈现交易所组织结构公司化、证券交易方式电子化、证券市场发展国际化、证券市场监管专业化等新趋势。经过20余年的发展，我国证券市场规模与国际地位发生了翻天覆地的变化。但是，我国目前尚处于"新兴加转轨"阶段，证券交易所自律监管发生了严重异化，进而影响到自律监管功能的有效发挥。在新的市场环境下，我国交易所如何有效地进行自律监管、履行好市场监管职能，面临着诸多变革、困境和挑战。当然，我国交易所面临的新趋势并不仅限于前述四个方面，但这四个方面的问题都是我国交易所面临的比较迫切、亟待解决的问题，而且也是学术界和实务界探讨比较多的问题。

一、证券交易所组织结构的公司化

自20世纪90年代以来，以1993年斯德哥尔摩证券交易所作为第一家证券交易所进行公司制改造为起点，世界范围内的证券交易所纷纷从会员制的组织结构转变为营利性的公司。目前，证券交易所公司制改革成为潮流和趋势，公司制成为当前全球证券交易所的主导治理模式。不仅欧、美发达国家的众多主要交易所完成了公司化进程，许多发展中国家的交易所也已经进行了公司化改造。

目前，我国证券交易所兼具企业法人和国家机关的部分特征，证券交易所的法律角色地位仍然不太清晰。证券交易所法律地位和职能设计的缺陷，无疑大大制约了我国证券交易所的蓬勃发展，进而影响了我国证券市场在国际资本市场中的竞争力和吸引力。在许多国家包括发展中国家的交易所纷纷改制的背景下，我国交易所在改革的步伐上也不应落后。

关于我国证券交易所的改革方向，主要有两种观点。一种观点主张，鉴于我国证券交易所有会员制证券交易所的"影子"，我国证券交易所的发展不应该跳跃会员制这一阶段，而是有必要从各方面促使我国的证券交易所发展成为真正意义上的会员制证券交易所。另一种观点主张，借鉴各国交易所公司制改制的经验，改革现阶段交易所的法律形态和治理结构模糊的状态，将交易所改制成公司制证券交易所。

目前，我国证券界已经达成一定程度的共识，进行公司化改革，建立现代交易所治理机制，是我国证券交易所的战略性选择。交易所公司化，也给交易所的自律监管带来一系列的影响。从公司制交易所的营利本性和自律监管的要求来看，会存在证券交易所自律监管和商业利益的冲突。公司化后，如何解决交易所利益冲突的矛盾，应该选择何种自律监管模式,自律监管职能如何分配和行使,成为亟待探讨和解决的问题。

二、证券交易方式的电子化

自从 20 世纪六七十年代,美国太平洋证券交易所率先采用了交易指令的自动传递和执行系统,随后各交易所竞相模仿,纷纷采用了自动传递系统。1971 年,第一套用于证券交易的电脑自动报价系统在纳斯达克市场投入使用。电子化交易不仅为纳斯达克市场带来了交易技术的创新,更使纳斯达克市场一跃成为全美发展最快的证券市场。20 世纪 90 年代以来,世界进入了信息化时代,电子技术和互联网的应用,促使网上证券交易快速推广,电子交易平台迅猛发展,证券交易技术日新月异。

电子技术被引入证券市场,不仅改变了信息的传递方式,同时也改变了证券交易方式。随着互联网的迅猛发展和电子商务的蓬勃兴起,网上证券交易也应运而生。网上证券交易,自其诞生以来,迅速在世界范围内广泛传播开来。电子化交易不仅大大降低了交易成本,突破了原来的时间和空间限制,同时也催生了程序化交易、算法交易、高频交易、闪电交易等新交易技术的出现。

证券交易电子化、网络化的迅猛发展,给证券市场带来了巨大的影响。近 10 多年来,随着电子交易平台迅猛发展,信息和通信技术的大幅度提升,各证券交易所之间的竞争日趋激烈。计算机网络技术的迅猛发展,为证券交易活动的参与者提供了巨大便利,却使证券市场监管者面临诸多难题。证券交易的电子化、网络化给证券立法及证券市场监管带来的挑战,是世界各国证券监管部门和立法机构所共同面临的问题。电子化交易不仅涉及监管机构监管职能范围和风险防范,甚至成为事关证券市场发展的根本问题。监管部门不得不为应对这种新型证券交易方式而对原有的基于传统证券交易方式的法律监管制度给予修革。

从世界范围来看,各国证券交易电子化发展程度不同,各国证券市场监管机构的应对方式和手段及应变的水平也各有高低。比较而言,美国等发达国家尽管在开始并未全面推行电子化交易,但是其证券市场发展比较成熟,其证券监管水平也相对更高,为各国所争相借鉴和效仿。

尽管我国证券交易所在 20 世纪 90 年代就全面推行了电子化交易,但是我们的法制建设及市场总体水平不高,相应的监管也相对滞后。电子化交易环境下,我国交易所如何有效地维护交易安全、防范市场风险、应对市场异常交易情况、预防和制止新型违法违规行为,成为当前一个亟待解决的现实问题。

三、证券市场发展的国际化

第二次世界大战之后,主要西方国家的经济迅速恢复和发展,国民收入和国内储蓄不断增大,资本积累和科学技术持续进步,新兴工业加快崛起,这些都有力地推动了证券市场国际化的进程。伴随着全球金融一体化和证券市场国际化，交易所的自律监管也面临着国际化的机遇和挑战。交易所之间的合作方式很多，包括股权合作、技术合作以及监管合作等多方面。

我国证券市场国际化是适应改革开放需要，随着市场经济建设发展起来的。1982年1月，中国国际信托投资公司在日本东京发行了100亿日元的武士债券，标志着中国证券市场国际化进程正式启动。20世纪90年代初，沪、深证交所相继创立，证券市场国际化才进入了实质运行阶段。经过二十多年的努力，中国的证券市场在筹资、投资、证券商及其业务以及证券市场制度的国际化等方面都有了很大程度的发展。虽然我国证券市场市值规模已跻身世界前列，但中国股市目前还须加快市场化改革和对外开放的步伐。我国证券市场国际化，是资本市场改革开放的必然趋势，其战略意义，已经不言而喻。如何抓住机遇，利用国际国内的有利条件，推进我国证券市场国际化已成为一个亟待解决的课题。

前几年，上交所研究论证准备推出国际板，曾经引起了市场的广泛关注。由于各种复杂的市场情况，国际板的推出尚待进一步研究和论证。总体来说，国际板市场将我国的证券市场同国际市场联系起来，在市场运作机制、市场监管方式、市场服务体系等各个方面向国际标准靠拢和看齐，以国际一流的标准和最佳做法来示范、影响A股市场，使我国监管部门、证券公司、中介机构、公司股东等逐渐熟悉国际资本市场的运作方式、国际惯例等，以此来促进境内证券市场的规范化发展，推动我国证券市场的国际化进程。因此，国际板建设有利于A股市场从新兴加转轨市场向成熟市场迈进，有助于推进我国资本市场的国际化，增强中国证券市场的国际影响力、辐射力和竞争力。

近几年，我国交易所和境外交易所、境外监管机构进一步加强交流和合作。例如，2012年7月，推出了跨境TF产品。自2013年下半年后，上交所和香港联交所就两地证券市场的互联互通进行了研究论证，并就有关问题进行了多轮磋商。2014年4月，沪港股票市场交易互联互通机制试点（简称"沪港通"），获得中国证监会和香港证监会的原则批准。目前沪港通业务正在密切推进的过程中，有望于今年年底前推出。沪港通业务的推出，是我国资本市场对外开放的重要内容，具有多方面的积极意义。

随着证券市场国际化，本土市场将逐步开放，与境外市场、境外监管机构的合作越来越多，境外的投资者会进入本土市场，市场品种日益多样，投资者构成日益多元化，与国际证券市场的联动性日益显著，市场处于前所未有的大变革时期。尽管我国证券市场的国际化面临很多不确定因素，但是国际化的总体趋势是难以阻挡的，未雨绸缪地对国际化相关问题进行研究很有必要。

四、证券市场监管的专业化

进入20世纪90年代以后，特别是21世纪以来，国际证券市场监管日益向着专业化的方向发展。由于证券市场日益国际化、信息化，现代证券市场参与者众多，不同的证券交易者之间，信息的占有、分析和处理能力、经济实力等各方面极为悬殊。为了实现市场交易的公开、公平、公正，有效打击违法违规行为，现代各国纷纷制定证券法，并成立专门的证券管理机构，将证券市场的管理权集中于一个或两个专业机构手中，并增强证券管理机构的独立性和权威性，对证券市场实行强有力的监管，以保护广大中小投资者的利益。

考察境外主要交易所的市场监察情况，总体趋势是监管越来越专业化，具体表现在：一是建立了比较完善的监管体系，赋予了交易所或者相关机构进行市场监察的职责和权限。二是设立了专门的部门或机构，配备了专业化的人员。而且随着市场的深入发展，监察工作也向着精细化方向发展，监察工作的人员素质越来越高业务分工和业务流程越来越细化。三是建立了先进的技术系统，借助监察系统这重要的辅助工具进行监管。

目前，我国证券市场自律监管正逐步走向成熟。但受到我国证券市场环境和证券管理体制等诸多因素的制约，我国自律监管的专业化水平与成熟市场还存在一定差距。尤其是我国证券市场监管的行政化气氛浓厚，证券交易所自律监管发生了异化，带上了行政监管的很多色彩。在证券市场不断创新和发展的大背景下，今后自律监管的总体方向应该是以专业化取代行政化，正确处理好监管与创新、监管与发展的相互关系，采取适度有效的监管，促进证券市场在合规中发展、在发展中创新，使金融监管的成本投入和效益获得最佳的配置。

证券市场交易监管职能，是交易所的核心职责之一。我国沪深交易所都建立了市场监察部，行使证券市场交易监管职能。在我国证券市场行政化色彩浓厚的大背景下，交易所自律监管"准行政化"，市场监察不可避免也受到了渲染。如果不能形成科学有效的监管体系和与之配套的法律制度，就不能从根本上持续有效地进行市场监察，不能发挥市场监管对市场创新与发展的推动作用。因此，今后市场监察也应重在专业化的建设，以专业化取代行政化，立足当前、着眼长远，消化吸收国内外有益经验，着力推进专业化的市场监察体系。

第三章　证券交易所监管模式分析及经验借鉴

第一节　证券交易所监管职能的演变

从历史角度来说，证券交易所监管职能主要经历了三个阶段的转变：上市契约支配下的放任自流、证券交易所支配下的信息披露、政府法令支配下的统一监管。

一、第一阶段：证券交易所是交易设施提供者

证券市场最初是从股票市场发展而来的，以英国伦敦证券交易所为例，证券市场最初是从股票交易发展而来。在 1760 年，被驱逐出皇家交易所的 150 名经纪人在乔纳森咖啡馆（Jonathan's Coffee House）组成了专门从事股份买卖的俱乐部。

这个俱乐部就是英国伦敦证券交易所的前身。该俱乐部作为私法上的特殊交易组织，原本是自发形成的私人组织，参加该俱乐部的会员共同承诺按照交易所规则从事自己买卖证券或代理买卖证券，并自愿接受俱乐部的约束。俱乐部会员相互之间进行证券交易，并拒绝与非会员间发生证券买卖，俱乐部由此发展成具有会员资格的成员所组成的"私人俱乐部"。美国证券市场产生情况与英国非常相似。1790 年，美国政府为战争筹款发行了价值 8000 万美元的政府债券，美国证券市场由此起步。其后，经纪商们逐渐认识到，结成一个互助型的组织并对交易收取统一的费用，将有助于市场的统一和维护大家的共同利益。于是 1792 年 5 月的一天，24 名优秀的经纪人和交易商聚集在华尔街的 buttonwood 树下，签署了"buttonwood 协议"，诞生了当今世界上最大的集中交易证券市场的雏形，而这 24 个人就是纽约证券交易所的第一批会员。

早期证券交易所的上市标准并不高，且因证券交易所宗旨是为保护和代表会员利益，很难谈到对上市公司的监管。即使存在某种意义的监管，这种监管也单纯地根据证券交易所与上市公司间达成的上市协议来进行的。上市公司向证券交易所缴纳费用并享受证券交易所提供的实现资本流动的场所，证券交易所向会员收取会费，并向会员提供入场交易的便利。在这个历史时期，证券交易所更像一个交易设施的提供者。证券交易所与上市公司间更像是比较单纯的民事关系的双方。

二、第二阶段：证券交易所开始承担市场监管职责

随着市场发育程度的提高，社会公众投资者逐渐成为最主要的投资者群体，证券经纪人的利益也逐渐以代理交易而产生，上市公司信息披露水准就成为理性投资者从事投资的最主要根据。为了实现证券交易所利益最大化，为给会员带来更大利益，为了避免给社会公众投资者带来投资陷阱，1867年，美国纽约证券交易所首先提出上市公司要披露企业的财务信息。然而，这种三方受益的信息披露要求却遭到了来自上市公司的强大抵制。证券交易所提出，企业披露信息是为了更好地保护投资者利益，上市公司要么披露信息并继续维持上市资格，要么从证券交易所摘牌。在社会公众成为主要投资者群体的情形下，上市公司为保持融资优势，绝大多数上市公司最终接受了证券交易所提出的信息披露要求。在同一时期，有的证券交易所也对其接纳上市的公司进行监管，例如资本结构，投票权，以及披露信息。在1929年股市大崩溃之前，政府并未介入对证券市场的管理。纽约证交所根据自己的章程制订规则并对市场活动实施监管，交易所甚至在1923年成立了反欺诈局，打击股市赌博及其他证券欺诈行为。直到三十年代经济危机过后，联邦政府才陆续出台了《证券法》和《证券交易法》，并成立了法定监管机构——"美国证券交易委员会（SEC）"对证券市场实施统一的管理。在SEC的定义下，证券交易所始终是作为自律监管组织（SRO）的法律形态存在的。证券交易所也曾经是证券市场最主要的监管者。在美国，自律组织在美国证券交易委员会成立以前曾是美国证券市场管理的主要形式。自1773年伦敦证券交易所成立到1986年金融"大爆炸"（big bang）之前，证券市场主要依靠伦敦证券交易所自身严格的规章制度和高水准的专业证券商进行自我监管，以证券交易所本身"自律"为核心，证券交易所是证券一级、二级市场直接管理机构，证券的公开发行、流通要遵守证券交易所的规则。由于各项规章制度极为严密，实质上起到了立法监管的效果，形成了完备的证券市场"自律管理"体系。政府没有专门的证券管理机构。国家贸易部除根据防止欺诈条例对非交易所的证券交易商有一定的管理权外，仅登记公开说明书，而不加审核。英格兰银行仅对一定金额的发行行使同意权。证券市场的监管体系，以英国证券交易所协会、收购和合并问题专门小组以及证券业理事会为基础。他们制定并实施有关证券活动的规则，其代表经常向政府机构征求意见，维持着与政府部门的联系，其中证券交易所协会是由交易所大厅从事的证券经纪商和营业商组成，依据制定的规则管理着伦敦和其他地方交易所大厅的业务。由于交易所影响大、联系广，因此实际上负责了整个英国证券业的基本管理。

三、第三阶段：自律监管和政府监管并行

然而，这种自律监管或交易所监管确实难以避免地乏力。美国股票市场20世纪初的股灾就是揭示交易所监管乏力的典型证明。或者说，美国证券监管体制是政府监管取得优

势地位的突出代表。随着美国证监会的成立，随着20世纪初证券法的颁布，政府监管取得了历史地位的改变，证券交易所监管的地位相对有所降低。1986年英国议会通过的《1986年金融服务法》，开创了英国资本市场的新时代，重塑了英国的资本市场框架，被称为英国的"金融大爆炸"（big bang），是英国资本市场历史发展进程中划时代的重大事件。《2000年金融服务及市场法》是英国又一部颇具里程碑意义的金融法律。该法的颁布，表明英国逐步告别了原先较大程度依靠自律的监管模式，而转为采纳更为统一与更多政府干预的金融法框架。该法案赋予金融服务局前所未有的权力和责任。金融服务局是合并了英格兰银行监督管理部、证券与投资理事会成立的，这样英国传统上以自律性管理为主的金融监管体制将逐步消失，取而代之的是单一的巨大的金融监管机构。FSA监管的对象将不只是原有的金融机构，还包括从事金融服务的企业（financial businesses）、信用机构（unit trusts）、保险市场（OELCS）、交易所（investment exchange）以及清算机构（clearinghouse）等等。这样伦敦的五家期货和期权交易所和伦敦清算所的监管在总体上隶属于FSA市场及交易部。

四、对证券交易所监管职能变迁的思考

（1）证券监管模式的原生性国家，如英美等国证券市场监管最少受到其他国家监管制度的影响，比较清晰地沿着自身规律和轨迹发展着；但偶发事件对一国监管体制的走向产生着影响，美国股灾即为其例。我们实在无法断定若不发生这场股灾，美国证券监管体制是否会与英国今天的监管体制保持一致。偶发事件使得美国走上了实行集中统一监管的道路。没有出现这场股灾的英国则继续走着重视自律监管的道路。

（2）作为继受性国家，情况差异就非常之大，继受英国法影响的国家，则主要按照自律监管模式进行证券市场监管。在这些国家或地区中，证券交易所在上市公司监管方面发挥着更突出的作用。而受美国法影响较多的国家和地区，其证券监管更多地遵循着美国的集中统一的监管模式，且以强力的信息披露为制度支撑。还有些国家或地区则跨越英国与美国模式的界限，以香港最为典型代表。

（3）现代国家和证券交易所纷纷将保护投资者利益视为监管宗旨，因为对会员利益做出一定限制，如上市公司信息披露、公司治理等。也正是由于证券市场出现的诸如信息披露等问题更多地涉及行政及刑法问题，原本就无法由证券交易所承担的相关监管职能，只能交给政府监管部门承担。正是因为越来越多的行政及刑事手段的采用，才最终显得证券交易所地位下降。但是我们也要认识到，这些行政及刑事方面的职能，无论如何是不能由证券交易所这一民间机构（即使具有较强的社会性或公益性）承担的。然而，证券交易所作为市场组织者、监管者的职能从来也不应因为国家承担着新创造出来的行政及刑事手段的增加而受到冲击。

（4）证券交易所的固有职能从来未曾弱化，但它从未介入本不属于证券交易所职能

的领域，而那些领域恰恰是政府监管创造出来的、无法由民间组织实施的行政及刑事制度。但是，政府监管的强势地位，确实容易被滥用或错误使用。以上市审查为例，既然公司上市本身具有民事活动性质，原本就应由证券交易所决定，而不能由政府监管代替。退市（即上市协议的终止）在许多情形下属于民事原因，而无法单一地借助行政手段加以解决。如前所述，证券交易所的职能实际又在扩大，服务性功能表现得最为突出，如前期咨询，对公开披露文件，须事先由交易所审查，甚至交易所要对披露方式做出指示。即使在现有法制环境及监管体制下，证券交易所依然有充分、有效行使职权的空间。

第二节　证券交易所自律监管模式

一、证券交易所自律监管模式简述

对于证券交易所自律监管模式的分类，主要是根据其所在国证券监管制度的差异进行区分，并结合交易所在该国的权限和所发挥的作用进行界定。对于证券监管的研究，国外一般都是从证券监管的主体、监管任务、监管方式、监管对象等方面进行解析。我国学者对于证券监管主要有两种界定观点：一部分学者认为是证券监管机关对证券的发行、交易活动和参与证券市场活动的主体进行的，旨在保护投资者和社会公众的利益、维护证券市场制度、保障证券业健康发展的干预行为。另有学者认为，证券监管是指证券服务机构、审计机关及行业自律组织依法对证券市场实施的监督管理。因此，我国学界对于证券监管的界定，主要集中在监管主体的范围上，其究竟是指行政机关还是包括更广泛的其他主体（例如自律组织），抑或以市场为主导，政府的行政干预只是市场的补充。依据证券交易所在证券市场监管中发挥的作用可以将各国（地区）的证券监管体制分为：弱自律型监管体制、强自律型监管体制和中间型监管体制。

（一）弱自律型监管模式

顾名思义，以交易所为代表的自律组织在证券市场监管中发挥的作用并不凸出，主要是依赖以政府为主导的行政监管方式。在这种模式下，政府通过设立专门的证券监管机构、制定专门的证券市场管理条例或法规，以实现对全国证券市场的统一规范与管理，这种政府专门成立的证券监管机构居于证券监管体系的主导地位，证券交易所的地位和作用被大大弱化，居于从属地位、起着辅助作用。因而这种监管机制下的证券交易所也被称为弱自律型或有限自律型的证券交易所自律监管模式。美国是此种监管模式的典型代表，除此之外，加拿大以及亚洲的日本、韩国、菲律宾、中国台湾等国家和地区也是采取的此种监管模式。

（二）强自律型监管模式

从字面意义而言，即是注重发挥证券行业的自律性在监管过程中的作用和地位。在这种监管模式下，更加注重的是证券行业的自律性管理，注重发挥各种证券自律性组织如证券交易所、证券行业协会等在证券监管中的主体地位和主导作用，很少设立专门性的证券监管机构，政府在其中也只是扮演着服务者的角色，负责制定一些必要的法律、法规、条例等，很少插足监管过程。由于这种模式下的证券交易所一般会享有较强的自主选择和监管权，其职责范围不仅能够涵盖传统交易所作为市场"守夜人"具备的机能，而且其监管权还有逐步强化的趋向，故而其交易所监管模式也被称为强自律型监管模式。目前，英国是此种模式的典型代表，其他国家如新加坡、澳大利亚、荷兰、马来西亚等也多沿用此种模式。

（三）中间型监管模式

中间型监管模式既借鉴了弱自律型监管模式强调统一立法管理的做法，又吸取了强自律型监管模式强调行业自律性的特征，取长补短，以期弥补这两种监管模式存在的缺点和弊端，实现监管效果的最大化，可谓是这两种模式相互融合、相互借鉴的产物，因而被称为中间型监管模式。在这种机制下的证券交易所不会出现交易所自律监管权过弱或过强的情况，而是追求交易所自律监管与行政监管的平衡，因而称为中间型的交易所自律监管模式。该种模式主要以法国、德国等欧洲大陆法系国家为代表，故又称为大陆模式，综合前两种模式的不足和经验，实行中间型监管模式的国家一般会制定多层次的证券法律体系对证券监管与自律监管进行平衡，监管主体也较为分散。

二、证券交易所自律监管模式对比分析

（一）弱自律型证券交易所

1. 美国证券监管发展概述

美国是典型的股票发行注册制国家，其早期的证券市场是自发形成的，最初基本是依靠各交易所所在州政府监管，在20世纪30年代之前，美国政府一直信奉不干预政策，直到1929年在美国爆发以证券市场暴跌为先导的经济危机，美国政府才意识到建立统一的证券市场监管体系的重要性。在此背景下，美国政府和国会采取了一系列手段和措施，致力于构建全国统一的证券市场监管体系，在这些手段和措施中，最为重要、也最具成效的当属以下两个方面：

首先是完善相关法律法规，为统一证券监管体系的构建奠定法律基础、提供法律保障。1933年，美国国会通过了《证券法》（Securities Law），次年又颁布了《证券交易法》）（Securities Exchange Act of 1934）等法律，其目的是拯救当时萧条混乱的证券市场,最大限度地保护投资人利益,重新赢得投资人信心,重建美国的证券监管体系。1935年以后,美国又陆续颁布了《公共事业持股公司法》《投资公司法》(The Investment Company Act)、《证券投资者保护法》(Securities Investor Protection)等一系列法律法规,这些法律法规不仅对当时美国证券市场的恢复、重建与发展起到了重要的推动作用,也由此形成了美国系统全面、结构严密的证券投资法律体系,为美国弱自律型监管模式的构建奠定了坚实的法律基础、提供了有力的法律保障。其次是设立专门、统一的证券监管机构,为统一证券监管体系的构建奠定组织基础、提供组织保障。1934年,美国成立证券交易委员会(the U.S. Securities and Exchange Commission,简称SEC),负责全美证券市场的监管工作,是美国证券市场的最高监管机构。SEC的成立,不仅使得美国有了专门、统一的证券市场管理机构,而且使得政府脱颖而出,一跃成为证券市场监管的主体和主要力量,大大削弱了自律监管的地位和作用,标志着美国以政府为主导的、统一集中的监管模式的正式形成。其后,随着SEC的运作和政府职能的发挥,美国证券市场的监管体制也逐步确立为以政府为主导的,以集中统一监管为主、市场自律为辅为特色的证券管理模式阶段。

2. 美国纽约证券交易所自律监管制度

美国纽约证券交易所(New York Stock Exchange,简称NYSE)成立于1792年,成立之初,其只是用来进行股票和高级商品交易活动的非正式组织,经过两百多年的发展演变,现今已成为全球范围内规模最大、影响力最广的证券交易所。自20世纪20年代起,NYSE就成功跻身为全球金融中心,成为全球经济的"心脏部位",这里的一举一动、股票的跌落涨幅都会引起全球股票市场的连锁反应,影响着全球股票市场的行情和走向。NYSE也以其悠久的历史、宏大的规模、健全的组织、完善的管理等优势成为美国和世界证券交易行业的领头羊,继续发挥着对美国乃至全球经济的绝对影响作用。

美国联邦政府授予了纽约证券交易所自律监管权,准许其履行自律监管职责。交易所的监管主要分为两部分:对上市公司的监管和对会员的监管。对上市公司的监管表现在两方面。

(1)设立专业的市场检查部门,利用互联网技术对股票进行追踪,监控市场内部内幕交易和操控市场等违法违规行为;通过对比以往交易日的市场交易情况,建立异常交易行为警报机制,在交易所享有的权限内,对违规行为进行罚款、暂时或永久停止交易等处罚,并有将异常情况转交执法部门处理的权限。

(2)对上市公司进行严格的公司治理。制定较为严格的公司上市标准,确保优质、优良的企业获得上市的机会;在公司内部,对公司的股权状况、董事会机制、公司建设等都进行了必要的规定;此外,交易所还建立了退市惩罚机制,对不符合条件的上市公司给予一定的期限进行整改,仍不合格的,强制退市。

对后者的监管主要是对交易所会员遵守法律、自律规则状况的监督,纽约交易所的自律规则分为两种。

（1）涉及证券交易的规则。主要包括：证券发行人的义务与责任；证券上市的中止及退出规则；证券交易的报价机制；中介结构的行为规则；证券商开展自营业务应遵守的规定；涉及转账、结算等证券交易的后续服务规则；交易所内部治理和运营规则。

（2）会员内部治理以及会员与客户关系的规则，这一规则主要包括会员内部治理结构的规定以及对违法违规行为的处理两方面。一方面，会员内部治理结构的规定主要涵盖了会员组织形式的确定、会员管理层及相关工作人员的准入条件和任职资格以及会员的财务报告制度等；另一方面，通过比对会员提交的资料以及会员监管部、市场监督部等提交的报告，发现可能存在的不法行为或违规现象，同时设立专门的执法部门作为对此类违法违规行为的追溯部门，以肃清交易所的内部管理环境、保护客户的合法权益。

在美国，虽然证券交易所享有上述自律监管权，但同时也建立了相应的外部监督和惩处机制，以避免权力的滥用。如规定自律规则和监管措施的制定与实施必须符合相关的法律法规，且经过审查后方可投入使用，同时美国允许司法介入的制度也使得因证券交易所自律行为的失当而引发的受害者的事后赔偿诉讼成为可能。完善的外部监督和惩处机制的建立，也在一定程度上降低了自律组织违法违规行为的发生，促使其努力规范运作、恪尽职守。

（二）强自律型证券交易所

英国实行的是股票发行核准制，但英国是属自律管理的国家，股票审核权在证券交易所，所以英国应为"准注册制"国家。目前，英国伦敦证券交易所（London Stock Exchange，简称LSE）和美国纽约证券交易所以及日本东京证券交易所（Tokyo Stock Exchange，简称TSE）位列全球证券交易所的前三甲。其中，LSE还曾稳坐世界证券交易所的"头把交椅"，是当时世界上最大的证券交易所，同时，英国也是世界上较早出现证券市场的国家之一。从监管模式上看，英国证券市场实行的是传统的自律型管理，尽管近些年，英国证券市场监管也由传统的自律型模式转变为政府监管和交易所自律监管相结合的模式，但自律规则在证券市场的管理中仍占主导地位，没有颁布专门的证券法律，有关规范证券市场的政府立法也少之又少。1844年英国制定了世界上第一部完备的《公司法》，确定了世界上最早的发行注册和信息公开原则，但专门的证券立法却在英国证券史中长期缺失。因此，英国的证券立法体系一般被归类为以自律规则为主的证券立法体系。英国作为世界上最早建立市场经济体制的国家，其在经济上也一直奉行自由放任主义，推行自由竞争，在证券市场的监管方面也是如此。如伦敦证券交易所，就是作为一个会员联合体的形式而独立存在、运营和监管的，在入会标准的设立、交易行为的规划以及不当行为的处置等方面享有绝对的自主权和决策权，很少听取政府的意见或建议，自律型监管模式占据着主导地位。

在英国，证券交易所一直是进行证券市场监管工作的主导力量，政府虽然也设有各式各样的金融或经济机构，但这些机构大都属于服务性质的，在证券市场的监管过程中居于从属地位、发挥着辅助监管作用。英国的证券市场监管体制，按照监管主体来源的不同，可分为内部监管体制和外部监管体制。所谓内部监管体制，即是指以伦敦证券交易所为监管核心，与英国其他六个地方性证券交易所组成的证券交易所协会所进行的自律型监管。在这种体系下，主要依据自律规则进行市场监管，交易所作为非官方组织发挥了主导作用。所谓外部监管体制，即是指由证券交易所、公司收购与兼并委员会、证券行业理事会等组成的自律监管机构，会同政府的贸易部、金融服务局和公司注册署等共同承担起对证券市场的监管责任。但是仔细剖析这一体制可以发现，尽管英国设立了金融服务局等作为专门的证券管理机构，但证券交易所协会并不受政府的实际控制，而是在贸易部、英格兰银行的指导下进行自律管理。因而，这种监管体制仍可视为内部监管体制的另一表现形式或实施途径，在某种意义上也属于强自律型监管体制的范畴。由此也可以看出，注重发挥证券交易所的自律监管职能，强调证券交易所在自律监管模式中所处的主导地位和发挥的主要作用仍是英国证券市场的重要特征之一。

英国模式的优点主要如下。

（1）为保护投资与竞争，促进市场的创新提供了最大的可能性。

（2）证券交易商参与制定和执行证券市场管理条例并模范地遵守，使市场的管理更有效。

（3）证券交易商自己制定和执行管理条例，在经营上具有更大的灵活性。

（4）证券交易商对现场发生的违法行为有充分准备，并能迅速而有效地做出反应。

缺陷如下。

（1）该模式把重点放在保证市场的有效运行和保护证券交易所会员的经济利益上，而对投资者往往没有提供充分的保障。

（2）管理者的非超脱性难以保证管理的公正。

（3）由于没有立法作后盾，使其管理手段软弱。

（4）没有专门的管理机构，使全国证券市场的协调发展难以实现，容易造成混乱。

（三）中间型证券交易所

德国现今实行的是核准制和注册制相结合的"中间型"发行制度，其证券监管体系也是典型的中间型模式。德国中间型监管体制的特点主要有三个方面。

1. 集中立法监管与自律相结合

德国政府在对市场行使监管权时侧重于集中力量控制主要的机构投资者，如大银行、国内外投资基金等的业务活动，尽量不采取直接干预手段，而主要依靠证券市场参与者的自律管理。

2. 交易所的行政监管归地方政府

德国各个交易所接受当地政府的严格的行政管理。当地政府可以同意一个证券交易所的成立、暂停或破产；同意交易所理事会发布的规则；委任市场制造者；提名一个政府高级专员监督各项规则条例的实施，并可直接干预操作；以立法形式颁布关于成立一个荣誉委员会的规则，该委员会可以指控交易所会员的不道德交易行为等。

3. 各层监管职责权限分明

如联邦金融监管司、证券期货监管局对外负责与各国证监机构协调沟通，对内主要通过集中收管招股说明书和与各交易所实时交易监管部门合作对内幕交易进行监察，各州交易所监督机构监督交易所的经营运作，审批交易所的各种规则；交易所交易监察部门则按交易所制定的交易规则和其他相应法规对交易过程进行管理和监督；还有如联邦财政部批准债券的发行，联邦储备银行有权干预证券市场，减少银行及机构投资者的交易能力等。

现行的证券监管体系由联邦金融监管局、州监察署和交易所交易监察部三个不同的监管组织构成。一方面，这三者在法律上是属于平等、平级的关系，在监管的过程中也存在着互通彼此、相互协作的关系，但另一方面，出于某些特殊状况或原因的考虑，州检察署有权力指示交易所交易监察部按照其要求或命令行事，体现了中间型监管模式既强调自律监管同时又融合了弱自律监管模式的特征。

不同于美英等国，德国的证券交易所是以公法为指导建立的，在形式上隶属于德国联邦财政部管辖，其本质仍是属于政府管理下的一个分支部门。德国各个地方交易所都有自己的上市审批部门，以在法兰克福证交所上市为例，申请上市者必须与一家是德国交易所会员的金融机构或金融服务公司共同提交申请，并要在指定报刊上公布上市申请；证券上市许可证审批部审查上市申请，审查结果符合要求，即发给上市申请者许可证。许可证发放第二天后，在指定报刊上公布上市许可，之后，申请者方可进行挂牌。若许可证发放后三个月内不挂牌者，其上市许可自动作废。交易所证券上市审批部门只审核招股说明书的完整性，不审核其真实性，并且必须在收到招股说明书后60天内做出是否同意上市的决定。如果因招股说明书不真实对投资者造成损失，协助企业上市的金融机构或金融服务公司将和上市企业依法承担各自相应的法律责任。

德国的证券交易所一般还会下设"交易监控部门"，对证券市场进行全面监控、全权负责，其职责主要涵盖以下几个方面：首先，要对证券市场负责。具体而言，是指该部门要对证券市场和证券交易等相关活动进行实时监控与分析，及时保存交易数据与记录，发现可能存在的违法和异常行为，确保证券市场的稳定、健康、科学发展。其次，要对市场参与者负责。具体而言，是指该部门要对各类市场参与主体的资质、信用等进行调查与评级，设立准入机制与标准，以保证市场参与主体的有效性和合法性。最后，要对其他组织和部门负责。主要指要对州政府交易所监管机关以及联邦金融监管局负责。具体而言，是指交易监控部门应及时向这两大组织进行工作汇报与信息分享，及时上报存在的异常现象、不法行为和突发事件等，必要时协助这两大组织进行相关的调查、取证、分析、鉴定等工作，按照两大组织的要求或指示行事，完成这两大组织交给的任务与工作。

同时在程序化交易监管领域，2013年，德国在现有法律框架下制订了《高频交易法》，扩大了监管对象的范围。机构和个人在一定前提下都要向监管当局提供信息，包括程序交易的策略、参数、风险控制数据等，对通过大额报撤单、系列报单、隐匿报单或虚假报单等影响其他市场参与者、改变市场趋势的行为进行重点监管。监管层认为这些行为构成了对交易运行的干扰或延迟，释放了错误的市场信号。该法案还规定，当市场波动较大时，可及时终止相关程序化交易，对频繁报撤改单的行为，要收取额外费用。

除此之外，州政府交易所监管机关和联邦金融监管局也对证券市场的监管方面负有责任，二者分工明确、职责清晰。相较而言，州政府交易所监管机关的服务对象主要是州内的各个证券交易所，负责这些证券交易所的管理工作。就具体内容而言，主要包括：监管交易所对相关法律法规的贯彻执行情况；监管交易所的组织管理与实际运作情况；监管交易所的业务流程与市场运作规范化程度；发现交易所存在的不当行为或不法现象并指出整改措施；以及与交易监察部门开展交流和合作事宜等。联邦金融监管局则负责更高层次的统筹与监管工作，其业务范围包括：从宏观上统筹和把握证券市场的运作和走向；了解证券行业法律法规的建设与遵守情况；责成市场参与主体切实履行相关义务，如及时公布业务情况的义务、周知重大表决权变动情况的义务；处理证券市场中存在的一些性质恶劣、影响重大的不法行为，如内幕交易、操纵股价、恶意并购等；以及开展与其他各国监管组织的国际合作等事宜。

第三节 我国证券交易所自律监管模式的确立

通过观察分析我们不难发现，各国证券市场监管模式的确立是一个充满博弈、妥协与融合的过程。首先，各国证券市场监管模式的确立并非是一锤定音、一蹴而就的，而是随着本国证券市场的不断发展演变，同时又在综合考虑到本国经济体系、政治制度与文化传统实际的基础上逐步构建与确立起来的，由此表现为证券市场监管模式的多元化与各国模式选择的多样性。同时，在注意到各国选择差异性的基础上，经过进一步的研究与分析，我们也可以发现各国证券交易所监管制度，无论是弱自律型还是强自律型的监管模式，都慢慢在寻求来自另一方模式的支持，逐渐形成一种相互融合的趋势，这也可被视为各国证券市场监管模式发展的共识或共同之处。

一、证券交易所自律监管的发展趋势

全面分析、主动借鉴各国证券市场监管模式发展的历史轨迹与有益经验，尤其是加强对他国证券交易所自律监管的分析与研究，将为我国证券交易所自律监管制度的发展、改进提供有益参考和借鉴，避各国之短、集各家所长，以期实现我国证券交易所自律监管制度的不断发展完善，促进国内证券市场的稳步、健康、有序发展。就目前而言，各国证券交易所自律监管制度的发展呈现出以下趋势与特点。

（一）证券监管由分散、无序走向集中、统一

以英国为例，传统的强自律型证券监管模式在赋予了证券交易所、证券交易协会等自律组织以充分管理权的同时，也容易造成证券交易所、交易协会之间各自为政，"老死不相往来"的状况。同时，政府的不干预政策也导致了证券市场放任自流、混乱无序的状态。为加强对证券市场的统一管理，也为了使这种自律更为有序，1986年，英国政府出台了《金融服务法》（Financial Services Act），这是英国历史上首次以专门法律的形式对证券行业实施的直接管理，在英国证券行业的发展史上具有里程碑式的意义。自此，英国一直沿用的强自律型证券监管模式有了统一的法律基础和保障，这对于规范统一的自律型监管模式的形成起到了重要的推动作用。

（二）在强调政府监管的同时，重视自律监管

政府监管以其强制性、命令性等手段，使得证券监管收效更快、影响也更为广泛，在证券市场的监管方面起着无可比拟的作用。但是政府监管的滞后性和监管权力的滥用、误用也一直深受诟病。相较而言，自律监管则在监管方面更具灵活性和时效性，因为自律监管的主体——证券交易所，更加贴近证券市场，因而能够及时捕捉和感受到市场的变化和异常，从而做出最为及时、准确、有效的反应。同时也能及时发现证券市场中存在的交易漏洞、内幕交易、违法交易等不法行为，做出相应的补救措施，及时止损。另外，自律监管还能够有效预见证券市场中可能出现的意外情况或突发状况，从而提前做好相关准备，防患于未然。自律监管以其极强的灵活性、时效性和可预见性，有效地弥补着政府监管的弊端和不足，是证券市场监管中不可小觑的力量。

（三）明确划分证券交易所等自律组织与政府监管机构的职责

要想充分发挥自律组织与政府机构的监管效用，就必须明确二者的职责与分工。职责不清、分工不明，必将带来监管效率的低下，造成重复监管或无人监管的尴尬境地。为此，应从以下几个方面着手，厘清二者的权责划分。首先，应加快进行相关制度设计，以制度化规范或条例的形式对二者所享有权利和所承担的职责进行细致、明确的规定，使二者各司其职，做好自己权限范围内的工作；其次，针对现存的自律组织在证券市场监管中存在的"有名无实"的状况，应及时更新观念，不但在法律上予以保障，而且在实践中也应切实尊重自律组织的监管地位和作用，给予其发挥作用的环境和平台。最后，应加强外部监督，使得监管权力"在阳光下行使"，具体而言，即是要发挥社会、公众、新闻媒体等的监督作用，以有效避免监管权力的滥用、误用和错用等。

（四）重视证券法律法规体系的进一步制定和完善

一般来说，证券监管法律体系是一个国家专业领域内数量最多、体系最繁杂、层次最复杂的部门法律体系之一。只有不断完善证券市场监管的法律法规，才能使证券交易所的

自律监管地位得以合法化,也才能明确划分自律监管与政府监管之间的界限。一个完备的证券监管法律体系,能够使自律监管组织依据具体的法律法规来加强其自律监管职能。通过对我国证券法律法规的分析可以发现,政府监管的地位和职权在法律上都有明确的规定,我国目前证券市场主要依靠政府监管。虽然新修改的《证券法》确立了自律监管组织的法律地位,但对于其在证券市场监管中所享有的具体权限、所负责的监管范围等尚未做出具体的规定,不利于这些自律监管组织权力的行使和作用的发挥。

二、我国证券交易所"准强自律"监管理念的确立

通过前文对世界三种不同自律监管模式的历史沿革及发展现状的梳理、分析中我们不难发现,作为上层建筑的证券自律监管模式的选择与确立会始终受到作为经济基础的证券市场发展程度的制约,二者是相互影响、相互促进的关系,而证券交易所的自律监管类型又跟一国的证券监管体制密切相关。因而,我国证券交易所自律监管模式的建构与实施应在借鉴国外先进经验的基础上,充分考虑到我国当前即将实行的股票发行制度改革这一实际,因地制宜、因时制宜的建构适合我国国情的证券交易所自律监管模式,避免建构的随意性和盲目性。

虽然注册制度要求证券交易所在证券市场监管中发挥更大作用,但是考虑到我国实行已久的弱自律监管体制,考虑到注册制对市场理念的推崇与我国根深蒂固的行政权至上理念的冲突,以及我国目前证券市场发展水平与世界发达国家还有较大的差距,投资者素质还处于较低水平的现状。在注册制改革实施之初,不能够彻底的推翻之前的以证监会为主导的监管模式,而是应该循序渐进的推进改革,在注册制改革的过程中,随着市场化程度的提高、注册制改革的深入以及注册制对证券交易所监管职权的要求,不断扩大交易所的自律监管在证券市场中的作用,证监会的行政作用要自觉的弱化。逐步实现由弱自律型监管到强自律型转变的理想状态,但是在这种转变的过程中,由于投资环境与惩罚机制的不健全,在证券市场仍然会发生违法违规行为,在交易所自律监管机制还没有成熟之前,完全的实现交易所自律不能够杜绝这种现象的发生,因而还要求证监会发挥适当的"兜底"作用。故而面对市场环境还不够成熟的现状,这种以交易所自律监管为主导,辅之以证监会行政监管为后盾的监管体制,既保留了弱自律监管体制下行政力量的影子,同时又注重证券交易所的自律作用,我们称之为"准强自律"监管体制。总体而言,在建构我国证券交易所"准强自律"监管模式方面,我们应始终坚持以下标准和原则。

(一)保护投资者是交易所自律监管的最高标准

我国证券市场和证券交易所的产生、发展都离不开政府的推动,政府发展证券市场的目的也是要发挥资本市场的投融资功能,激活民间资本和产业资本,但是我国政府和上市企业却更多的是强调证券市场的融资功能,忽略了投资功能。因此,在这种理念指引下,在原有的以证监会为主导的监管体制下,往往只重视对企业发行申请上市的审核,忽略对

广大投资者的保护。然而，在事实上，投资和融资是不可分割的，只有融资而没有投资的市场最终会枯竭，耗尽市场的活力。借鉴国外的经验，没有投资就没有融资，投资是融资的保障，必须加大对证券市场违法违规的查处，切实的保护广大投资者特别是中小投资者的合法利益，维护证券市场赖以发展的基础和源泉。所以保护投资者应当始终作为交易所自律监管的最高标准。

（二）保障证券市场的健康发展应当是交易所自律监管的最终目标

在行政性色彩非常浓厚的中国股市，作为证券市场最主要监管主体的证监会，其每一次举动和发声都会对证券市场产生十分重大的影响。每次市场在出现较大的波动时，证监会都会出台一些行政性的救市举措，试图扭转市场颓势。然而证券市场的一大特点就是具有很大的波动性，纵观近代世界证券发展的历史，每一次由一国证券市场引发的波动都会造成其他国家证券市场的连锁反应。同时证券市场的投机性又会造成越来越多的投资者违背交易原则，进行内幕交易、暗箱操作等投机行为，扰乱证券市场的正常秩序。同时一些上市公司也凭借自己获取信息的优势地位，进行违规操作，获取不当利益。证券市场监管者的目标应当是维护证券市场的健康发展，而不是通过行政性手段改变市场运行的规律。证券监管者可以充分利用法律授予的监管权，加强信息披露，提高市场的透明度，规范市场的行为，让违法者承担法律责任，而不是对市场的起落和正常的市场调节买单负责。事实上，没有只涨不跌的市场，有涨有跌才是正常的市场运行规律，股价的高低正是这种规律的具体体现，监管者应当遵守市场规律，重视市场调节这只看不见的手，其只负责实施法律赋予的监管权，不干预和破坏证券市场的正常运行。

（三）自律规则发挥更大作用应是交易所自律监管的不懈追求

证券交易所作为自律监管的主体，自律规则是其实施监管的工具和手段，缺少了明确、清晰的自律规则，不仅会导致交易所在进行自律监管时的随意性和盲目性，而且会造成交易所自律监管"无从下手""无处下手"的窘境，使得自律监管的美好愿景最终化为泡影。鉴于此，不少国家在赋予交易所以充分自律监管权限的同时，也要求交易所应制定详细、明确的自律规则，依照自律规则实施监管，充分发挥行业自律的榜样和示范作用。尤其在证券的上市监管方面，在股票发行方式由核准制改为注册制之后，证券交易所在市场中将会扮演更为重要的角色，相较而言，交易所的自律规则在证券上市管理方面也更具操作性。但就我国目前情况而言，证券市场在我国也才30多年的历史，是一个新兴市场，再加之经济发展方式的转变，政府和监管机构往往会自觉或不自觉地干预市场。而且在实践中，由于我国实行的是政府和市场"两只手"相结合的经济调控模式，因而，证券市场的各方参与主体如发行人、投资者和中介服务机构等对政府力量和国家政策仍存在一定的依赖性，市场也仍在一定程度上需要依靠行政力量才得以正常运作和维持，造成自律规则的作用未能充分发挥。因此，在实施注册制背景下的证券市场，应当更多地强调证券交易所的自律监管，给予自律规则更多的空间，让市场自律规则在市场创新、行业自律等方面发挥更大的作用，真正实现市场化运作。

三、司法层面的证券交易所自律监管制度构建

（一）证券交易所的自力救济措施

各国证券法律都赋予证券交易所制裁上市公司的权力，如暂停交易、终止上市等惩罚措施。证券交易所在就相关事项向上市公司提出督促、指导、要求、建议或处理意见，本身不带有直接的强制性，而具有更多的规劝性或引导性，事实上，这种措施若不辅之以暂停交易或限制上市公司活动为终极措施，也难以真正发挥功效。暂停交易虽会产生对上市公司利益限制，但因为该措施得由证券交易所直接实施，无须借助仲裁或诉讼程序加以确认，证券交易所并无启动相关法律程序的必要。就现行法律所定来说，因证券交易所实施上述监管权利并无强制实施效力，且得借助证券交易所自身机制予以推行，可视为"证券交易所的自力救济措施"。这些行为不具有行政行为的特点，也无法根据行政复议或行政诉讼程序启动法律程序。一方面，上市公司不遵守证券交易所监管时，无论不遵守监管行为系上市公司故意或者过失，证券交易所不得依照行政诉讼程序强制上市公司接受督促、指导、建议、处理或暂停交易等。另一方面，证券交易所做出督促、指导、建议、处理或暂停交易决定时，上市公司亦不得提起行政复议或行政诉讼程序。

（二）证券交易所与上市公司民事纠纷的法律解决途径

除了上述措施，对于证券交易所和上市公司之间的民事纠纷，则只得借助仲裁或民事诉讼等程序解决。实践中，仲裁是常用的纠纷解决方法。上市协议通常明确记载有仲裁条款，即证券交易所和上市公司间因上市协议及监管等事宜发生的纠纷，均应提交仲裁机构予以仲裁，从而排斥了法院管辖。证券交易所与上市公司并非利益对立的双方当事人，尤其是证券市场是有很强技术性特征的市场，也是对诚信度要求很高的市场。任何一方都无法揣测最终的判决结果，不愿意看到已方全部败诉或部分败诉的结果，更不愿意看到这种结果以判决公开方式公之于众。仲裁程序在满足了当事人保密意愿的同时，通常还有较高程度的专业性和时效性，所以仲裁是受证券交易所和上市公司欢迎的纠纷解决方式。但是，毕竟证券交易所是以民事主体身份参与证券市场关系，也就必然要受到相关民商法规则的约束。证券交易所无法成为没有法律风险的避风港，这就产生了交易所自律监管的可诉性问题。

（三）证券交易所自律监管的可诉性问题

交易所自律监管活动的可诉性问题，实质上是司法对自律监管的外部监督和控制的必要性、适度性的问题。其核心问题是树立法院谨慎介入交易所自律监管的司法原则，并做

出相应的制度安排。如前所述，交易所自律监管对被监管对象而言，是一种权力，涉及被监管主体的市场权利。理论界总体认为，按照"无救济无权利"的法治精神，法院有权对交易所自律监管活动进行司法审查，为被监管对象提供权利救济渠道。但值得讨论并需要解决的问题时，交易所基于被监管对象的权利让渡而取得的自律监管权力，在整体上属于社团法人内部自治权的范畴，司法对社团内部管理权的介入通常是十分慎重的，如何防止司法权和社团自治权的冲突，既保护被监管对象的权利，又不干涉社团自主权，保持二者的平衡，这是一个难题。具体到交易所自律监管的司法介入，鉴于其内部自治性和专业性、法院的态度同样十分矛盾，司法政策和介入力度因时而异，美国法院在交易所自律监管可诉性问题立场及其变化，对此很有说服力，值得借鉴。从目前可参考的判例看，在证券交易所监管市场行为是否具有可诉性问题上，美国法院的立场在1975年前后有根本改变。

在1975年前，法院普遍支持对证券交易所的诉讼，允许受处罚者起诉交易所的处罚决定，而且，1944年Baird v.Franklin案，还允许对证券交易所不履行监管其会员的法定义务的行为提起诉讼；1971年Weinberger v.NYSE案，允许投资者以合同利益第三方的身份起诉交易所；1972年Robert W.Stark, Jr., Inc., Robert W.Stark, Jr., and Kansas City Securities Corp.v.NYSE案，禁止交易所对未经批准发行证券的Stark公司，取消会员资格，禁止NYSE执行对Stark市场禁入的决定。1975年，美国修改了《证券交易法》，强化了SEC对证券交易所监管职责的监管，其中增加的19（d）条，限制针对包括交易所在内的自律组织市场监管行为的司法直接审查，不服交易所纪律处分的只能要求SEC进行审查，法院只审查SEC的裁决。此后，法院依照该规定，在相关案件审理中，确立并普遍坚持"内部救济用尽原则"，原告就交易所的监管活动向法院寻求救济，必须用尽证券交易法规定的可利用的救济机制，否则不予受理，对交易所自律监管的司法介入由积极转向保守，这在相关案件中得到充分体现。例如，在1976年Cavanagh Communities Corporation v.NYSE案中，破产法院的法官认为，公司股票在交易所的上市资格属于财产权，因此禁止NYSE将有关公司股票摘牌。但是，上诉法院撤销了破产法院的禁令，认为股东无权对NYSE的摘牌行为起诉，而必须向SEC寻求救济，并最终向联邦上诉法院寻求救济。在1997年Clark E.Niss v.NASD案中，原告因为按照LJSC证券公司的建议购买上市公司股票造成亏损，遂以NASD没有履行适当监管其会员的法定义务和对第三方的利益保护义务，构成普通法上的疏忽责任为由起诉NASD。法院认为，自律组织不履行监管其会员的义务并不构成诉因，而且，公司与交易所的上市协议是否属于为投资者创设第三方利益的合同是存在争议的，控告交易所违反对合同第三方的义务与控告交易所违反法定义务是一回事。

美国《证券交易法》1975年修正案及案件审理中形成的"内部救济用尽原则"，事实上确立了一个尊重市场、相信SEC行政监管的有限司法政策、意味着对交易所监管活动、法律已确立足够多地纠正机制和救济渠道，SEC的行政监管优先于司法活动，司法过早介入已无必要。美国尊重交易所自治权，信任SEC的行政监管能力更应被作为一项值得借鉴的法制经验。

第四章 注册制改革下证券交易所自律监管研究

随着证券市场的日趋成熟和投融资环境的改善,我国原有的股票发行审核方式已经不能适应证券市场的需要,必须进行相应的调整,而股票发行审核方式的改变又会带来监管方式的变化。2015年全国人大常委会审议通过了关于注册制改革的决议,明确授权了国务院可以调整适用现行《证券法》,以适应目前注册制改革的需要。这一决定的正式通过,标志着推进股票发行注册制改革有了明确的法律依据,是资本市场基础性制度建设的重大进展和完善资本市场顶层设计的重大举措,也意味着我国证券监管制度的转变。为配合注册制的推进,需要改进现行证券监管制度,以廓清制度之间的盲区,而证券交易所在监管体系中的地位和特殊性,在进行制度改革时,又必然会对交易所自律监管制度有所涉及。研究注册制背景下证券交易所自律监管制度的完善,有利于我们防患于未然,未雨绸缪的推进证券市场配套制度的改进,完善我国的资本市场和融资体系。同时,为推进注册制改革,必定要在信息披露、监管体系、法律法规等监管层面进行必要的改革和调整,这对证券交易所自律监管带来了挑战。

第一节 我国证券市场的注册制改革

一、我国证券市场注册制改革简述

我国的证券市场是在改革开放和现代化建设中逐步成长起来的,有着典型的政府主导特征。自20世纪90年代初期我国证券市场起步至今,证券市场主体发行股票先后经历了行政配额、审批制、核准制等阶段。随着我国经济社会发展进入新时代,无论是宏观还是微观层面都面临着深化改革的新形势和新要求,证券市场发行审核制度也不断调整并面临新的变化,结合我国金融体系和资本市场发展的新情况,发行审核制度改革呼声渐高。虽然在目前核准制较高的上市要求、严苛的审核标准下,我国证券市场的上市公司的质量得到了充分保证。上市公司作为股票市场的基石,50在公司结构治理状况、财务资金表现、投资可信度等方面处于行业领先,具备较强的市场竞争力,并可以吸引更多投资者进行投资。表面上看,通过中国证监会的严格审核确保优质公司得以上市融资相当于是以行政行为的方式明示地为上市公司的投资价值进行了背书，一定程度上保护了投资者的利益。但这种模式过于强调公司的财务性指标，影响了证券市场筹融资功能的充分发挥，而且行政性监管的权限过大，证券市场的效率受到影响。新时代新形势下，在推动证券市场全面深化改革的进程中，股票发行制度必然是一个破冰点。

其实"注册制改革"一直在进行中，从未真正停滞。2013年年底中国证监会发布的《新股发行制度改革意见》中，对新股发行制度就进行了相当程度的改革，强调发行上市的市场化制度建设，不再片面看重申请发行上市公司的盈利指标和各项硬性条件，降低小微和创新型企业上市门槛。自2017年开始，中国证监会发审委优化IPO审核机制，提高审核效率，审核周期明显缩短，考虑到发行上市节奏的常态化是注册制改革的实质性内容，这也预示着"实质注册制"的进行。更为重要的是，中国证监会发审委对新股IPO审核开始侧重发行审核信息的完整性、真实性的严格审核，淡化了对发行人投资价值的实质性判断，IPO审核节奏加快，"IPO堰塞湖"得以疏解，同时也提高了发行上市企业的融资效率，降低IPO成本，这也是注册制的前哨性变化。以上变化表明"注册制改革"不是一个响亮的口号，而是被细化为具体的操作步骤实际进行。在此过程中，证券交易所在其中将会起到特殊的作用，由此对其自律监管职能产生重大影响。因为在注册制下，保荐机构和中介服务机构的责任得到强化，行政主管部门彻底从上市公司的直接审核中抽身而退，不进行实质性的内容判断和价值投资认可，仅对申请文件的完备性、信息披露的合规性进行形式审查。但由于注册制改革很难一蹴而就，实质审核也不可能一下子变更为形式审核，会存在"准注册制"的过渡期，在过渡期内实质审核权限会逐步下放至交易所，由交易所适当把控新股发行的审核门槛，待到合适时机彻底转为注册制。

二、我国推行注册制改革的实施路径构想

虽然"注册制改革"仍然在研讨之中，尚未形成法律化的规范性文本，新《证券法》的修订工作还是进行时，注册制改革的全面实施暂不具备法律依据，但根据中国证监会早先研究制定的《中国证监会关于进一步推进新股发行体制改革的意见》中的说明，我国的股票发行注册制改革主要体现在如下几个方面：一是建立证券发行上市的市场化体系机制和信息披露中心主义，二是重视证券发行上市责任主体的真实诚信义务，三是优化监管，四是提升证券发行上市定价市场化程度和改善新股配售方式等细节性改善。

证券行业的自律监管虽名为"自律"，约束的内容也主要是针对行业内成员的行为，表面上看是出于以行使私权力的方式维护一定的私有范围内（即证券行业）的规矩的目的，其实质却是维护证券市场的交易秩序和运行环境，客观上达成了提高我国证券市场运作效率，维护证券市场公开、公平、公正的运行环境，保护全体证券市场参与者的切身利益的实际效果。更进一步地讲，由于证券市场在我国金融体系中的特殊地位和重要作用，保障证券市场的健康、有序运行，不仅影响力大涉及面广受众人数多，而且对于促进我国整体

的经济建设和社会发展、确保全面深化改革的大局稳定有重要意义，因此，证券行业的自律监管的功能绝非仅仅是维护本行业的秩序，其行为是为了证券市场整体利益，事关金融体系的有序稳定，是一项经济任务、法律任务，甚至政治任务，搞好证券市场的监管，做好证券行业的自律监管，就是维护社会公共利益和国家经济安全。就证券交易所而言，其自律监管的"正当性"和监管措施的可接受性一方面来源于会员对参与证券市场活动、进行证券交易行为受交易所监管的认可，另一方面是来源于法律法规的授权性（或者说确权性，后文会有进一步的论述和研究）规定，即由法律法规里面的专门性条文将一定的行政性监管职权明确赋予了交易所或者对证券交易所行使相关职权进行了确认。随着注册制改革的实质性推进，其重要的制度安排之一就是监管的端口前移，将原本由国务院证券监督管理机构履行的审核权限部分下放至交易所，中国证监会由实质审核转向形式审核，考量上市公司的上市条件、核对上市公司的上市文件并依此决定公司上市与否的相关实质性审核工作交由更专业化、市场化的证券交易所负责。很显然，此种前端控制明显具有行政性属性，甚至可以说是在实质审核上市公司发行申请范畴内，对国务院证券监督管理机构退出后的补充，交易所成了证监会退出后的"替补球员"而非"板凳球员"，而两者的区别在于"板凳球员"很难获得上场的机会，但"替补球员"实际上场并且成为参与"比赛"的重要"球员"甚至一定程度上可以控制"比赛节奏"（即发行上市节奏）。当前，我国证券交易所还存在一定局限，需要进行完善以符合注册制改革后的证券市场监管要求。

三、股票发行注册制改革

（一）股票发行注册制的含义

股票发行注册制（registration），国外也称登记制或申报制，是指发行人准备发行股票时，必须首先向证券监督管理机构申报，提交真实、客观、全面的公司资料以及法律要求公开的与股票发行相关的一切信息并承担相应的责任；监管当局只是对申报材料的"四性"进行审查，即申报的文件是否符合全面性、准确性、真实性和及时性的要求，对其他内容则不做过多要求，即不对发行人及其证券进行实质性审核和价值判断；只要发行人提交的审核材料符合法律规定的条件，即可发行证券。注册制是以信息披露制度为核心的一种股票发行制度，故在注册制模式下，发行人遵循完全公开原则，发行人向证券监管机构申报，并将其财务、对外投资等信息依法公开，只要发行人提供正式、可靠、全面的资料，证券监管机构对发行人的申报材料做出形式而非实质审查之后，即可发行股票。

（二）股票发行注册制的特征

注册制是股票发行审核制度的重要表现形式，实行注册制是在新的市场条件下，完善我国证券市场的重要举措。股票发行注册制的特征主要表现在以下几个方面。

1. 公开原则是注册制的精髓

由于注册制下，监管机构不对发行人实质审查，故发行人的财务及与证券发行相关信息的真实性、准确性就极为重要。注册制下强调公开原则，能够规范发行人的信息披露，保障投资者获取信息的权利。例如发行人在提交注册申请书时，必须随附公开说明书、公司章程、经会计师审计的各项财务报表等和证券发行相关的一切有价值的文件资料，并将这些资料向市场公布。

2. 证券发行的权利是由法律赋予的，而非政府授权

在注册制下，只要符合法律之规定，发行人便"天然"的享有了发行证券的权利，不需要像制度改革之前，必须经过强制的程序和审核才可。发行人在提交发行申请之后，其送交的材料在"四性"方面没有被审核出具体的问题，则发行人就可以发行股票。另外，发行证券是一项普遍的权利，只要发行人履行了法定义务，则其在市场选择方面均有平等的机会。在这种机制下，不论发行人及其证券的质量，只要其履行了法定的信息公开义务，便拥有了发行证券的权利。

3. 证券监管机构仅对申报材料做形式审查

因为注册制下，只要符合法律规定的条件，符合信息公开的原则，则发行人有充分的自由选择是否申请上市。故证券监管机构的职责也发生了明显的转变，由之前的实质审批，转变为确保信息公开的形式审查。证券监管机构为防止上市企业公开上市信息时存在虚假、缺漏等行为，会主要对其申报材料的全面、准确、真实、及时等注册制下信息审核的"四性"作形式审查。但证券监管机构并不对上市企业及上市证券的价值等实质性问题做出审查，也不能对其发布具有感情色彩的言论或者暗示。法律要规制的是企业信息披露行为的规范性，在理性经济人的假设下，不对投资者进行价值的引导，由其本人自行做出投资决策。

4. 强调事后审查和处罚

注册制下，只要发行人按照法律规定披露了相关信息，并通过了证券监管机构的形式审查，那么经过法定期间之后其注册申请即可自动生效，发行人便可发行股票。因此与核准制相比，注册制之下更能够提升发行人发行证券的机会。但是注册制只允许证券监管机关对发行人的申请进行形式审查，这不能保证发行人能够提供翔实、准确的申请信息，也不能保证发行人及发行人证券的质量。因此，如何促使发行人遵守公开原则，保障投资者的利益，成为实施注册制的重中之重。而事后审查和处罚机制则可以起到有效的约束作用，若发行人存在故意实施欺骗行为或提供虚假申请信息，投资者可以依照法律对证券发行人、承购人以及为发行人提供合规意见的律师、会计师事务所等中介机构提起诉讼，追究其责任。通过追惩机制，惩罚造假、欺诈等违法行为和市场不诚信者，同时也能威慑其他市场参与者的行为，预防违规行为的出现，降低监管成本。

（三）股票发行注册制简评

进行股票发行注册制改革是我国十八届三中全会后在资本市场全面深化改革的具体体

现，能够优化资源组合，破除行政权力对市场的过度干预，建立更加市场化的发行方式，建立完善的资本市场体系。推进股票发行注册制改革，其本质是以信息披露为中心，由市场参与各方对发行人的资产质量、投资价值做出判断，进一步完善资本市场的投融资功能。

1. 注册制的优点

第一，能够简化发行的审核程序和流程，简化工作步骤，提高市场的运行效率。在注册制下，只需形式审查不做实质判断的方式，免除了繁杂琐碎的政府审批和授权程序，会大大降低发审的工作量，提高整个证券市场工作效率。

第二，能够降低上市门槛，促进企业之间的竞争。注册制下免去了对企业实质审查的限制，仅要求发行人信息公开透明和翔实准确披露，企业更容易通过上市进入资本市场募集其发展所需的资金，参与市场竞争。

第三，能够充分反映市场经济的本质，减少行政干预，体现现代经济条件下市场的开放性与竞争性。审核程序的公开以及发行权利的法律授予相对限制了政府机关的权力，促使证券监管机构保持监管的独立和公正，保证了市场的公平、效率。

第四，能够促使投资者审慎投资，提升市场的整体水平。由于注册制下监管机构默认每一个投资者均为市场经济中的理性人，监管机构不帮助投资者做出价值判断和投资选择，投资者选择证券进行投资时，只能依据已披露信息和自己的经验，并自行承担风险。责任的明确会使每一位市场参与者在做出决策时能深思熟虑，化解市场的潜在纠纷，通过前置程序保障交易的安全和效率，促进市场的良性循环。

2. 注册制的缺点

首先，注册制强调信息的真实性，但只要求企业对信息进行真实披露无法阻止虚假信息和欺诈行为的发生，在逐利目的的驱使下无法保证每一位参与者能充分的自律。

其次，注册制实施的基础就是足够的信息公开，该制度框架的设想就是每位参与者都能不受限制的获取相关信息，并以此为依据进行投资。但是在证券市场运行的实践中，大量存在证券市场信息不对称和信息不完全的现象，且并不是每一位投资者都掌握了丰富的获取证券市场信息的手段和知识，所以注册制下仍存在对投资者保护的盲端和弊区。

最后，注册制保证了发行人的证券发行权，使其能够依据法律获得发行上市的便利条件。但是一些经营状况不佳或证券质量较差的企业也获得了发行上市的权利，这不仅会损害证券市场的健康发展，损害投资者利益，加剧市场的投机行为，也会造成国民经济的动荡。

总之，实施注册制能有效避免政府对证券市场直接的行政干预，降低监管成本，发挥市场在资源配置中的作用，提升证券市场的运行效率。但注册制又对信息公开披露有很高的要求；投资者也要保持投资理性；同时要求规范的市场环境和投资氛围；完善的法律法规作保障；自律组织要保持较强的自律能力和水平。

（四）注册制下的监管理念

注册制下的监管理念应该反映市场经济的自由性、主体活动的自主性和证券监管的规范性和效率性。主要体现在如下两个方面。

1. 证券监管遵循公开原则

注册制的事前和事中迫切需要公开原则的制约，而事后则以事后监督为制度的保障。另外注册制下也会出现一些越界违规行为，为了惩治市场中的不法者，保护公共利益，则不管在注册制的事前、事中还是事后，作为监管主体的政府或自律组织都应该发挥作用。公开原则是注册制的立法理念，并已成为世界各国证券监管机构的共识，其目的在于通过充分的信息公开达到市场的透明化运作。在一个市场机制与法律机制健全的证券市场中，只要遵守了信息真实、准确、及时的公开，证券市场自身会做出选择。监管者只需做好市场的适度管理，不过多的干预市场的选择和行为，维持市场化的选择机制，则不管是市场运行还是监管的效率都会有显著提升。

2. 证券市场遵循"理性经济人"的假设

在注册制下，市场和法律都会假设投资者是"理性经济人"，其做出的每一次投资选择都是其根据充分的信息披露做出的合理行为。投资者会对已经披露的财务报告、法律意见书、审计报告等做出合理判断和监督，保证信息披露的真实准确。如果投资者因自身的交易行为导致交易损失，法律不会阻止或干预。而对于上市企业，由于其优势地位和掌握信息的主动性，证券监管机构会以严格的商业道德标准约束其行为。

因此，在注册制下，无论是政府还是自律监管机构依据法律都不会阻止投资者做出最坏的投资决定，它仅仅是面向市场公开披露与投资活动相关的信息，投资者凭借自己对信息的分析和投资经验来评估上市企业和证券的质量，以防止上市公司的欺诈行为，减少投资者对信息的处理过程，做出最好的投资选择。美国最高法院曾总结说"证券法包含一个最根本的原则，就是以披露宗旨取代警告宗旨，并在证券行业促成一种高度的职业道德"。虽然公开披露制度下会使上市企业的质量良莠不齐，不能像核准制下只有优质标的才能上市，但却为整个市场构建了一个开放透明的体系，保证了市场的公平。

第二节　注册制改革对证券交易所自律监管的影响

"注册制"改革的重要举措是松绑中国证监会对证券发行上市的直接控制，弱化发行端行政指令的影响，强调发行人的信息披露中心地位，强化证券交易所的一线监管和自律监管，督促中介机构和发行人对发行信息进行充分全面披露并全程负责，逐步将证券上市的上市方式、融资渠道、发行价格等内容引入市场化理念，以实现证券发行上市的市场化变革。这一制度变革的根本目的是以改革证券市场发行审核制度为突破口，通过对证券发行上市的条件、方式、要求、过程、监管的优化变革，合理划清政府管控与市场自由之间的权限和范围，一方面将行政主管机关的不合理管制进行革命性变化，通过限制过大的行政权限、革新陈旧的行政措施、取消不合理的指令性管理手段，将政府伸出的不当之手收回来；另一方面，给予市场更多的空间，激发证券市场活动参与主体的主体意识和积极性，将本应由市场发挥作用、可以由市场发挥作用、以及由市场发挥作用效率更高的领域在符合法律法规要求的情况下开放给市场，以期全面释放市场活力，实现证券市场各项机制高效进行、各种制度有章可循、各方面环境有机运作，构建符合我国发展实际情况的证券市场。因此，证券监管改革新形势下的证券交易所定位与功能的调整已经不仅仅是一个立法的议题，而且越来越成为一个重大的现实和操作层面的实践议题，与此同时，证券交易所的自律管理属性和一线监管职责得到强化的趋势正在日益显现。在注册制改革推进的情况下，强调发行上市过程中的市场化因素，弱化行政主管部门的行政指令性直接干预，强化各监管层级的职权和责任，有限规制行政性监管的界限，合理划清证券交易所的自律监管权限，各市场行为参与主体归位尽责，乃是证券发行制度改革对资本市场良性有序规范的运行发展所产生的最直接最健康的影响。把握股票发行注册制改革这一顶层设计与自律监管的行政性、市场性之间的内在逻辑，可以更好地知晓股票发行注册制的制度设计中为何将发行审核权限前移、如何实现过程监管和合理分配监管职权、证券交易所的自律监管如何发挥作用，进一步理解注册制改革会对证券交易所产生何种重要影响，也有助于理顺注册制改革制度下证券交易所自律监管的新的功能定位和现实需求。

一、对监管理念的挑战

监管理念的形成与一国政治体制和市场环境密不可分，同时又会指导一国证券监管的实践，二者互相影响。发行审核制度的差异必然会导致监管理念的不同。提到注册制下证券市场的监管，应当从证券的发行与上市两个方面入手。在证券发行方面，证券监管机关对发行人的发行注册文件进行形式审查，并决定对发行文件是否予以注册，而证券交易所则对已经通过注册而申请上市的证券进行价值审查，以决定是否同意其上市发行。只有证券监管机关对发行申请文件的"注册"，没有证券交易所对上市申请中的"审查"并不是现代证券监管体系中注册制的本意与实施目的。

（一）行政化色彩与市场化理念的矛盾

国际成熟证券市场的交易所一般都是由证券活动参与主体为维护自身利益，经过集体商议自发形成的，在成立之初往往很少有政府机构的参与，因而较少有行政力量的影响。交易所组织架构和自律监管制度的产生都是由内而外自发形成的，没有外部行政力量的干涉和主导，同时在自律制度的不断发展和演进过程中，其管理规则也不断地细化和完善。交易所通过整合不同利益方的诉求，协调平衡交易过程中的各种矛盾，构建一个利益共同体下的多元的自律管理规则和运行机制。

但是我国证券交易所的组建则主要是由政府的行政力量推动的，市场的因素则体现较少。交易所监管权来源不是市场参与各方的协议，而是国家和公权意志的体现。我国的证券交易市场开始于1986年，随着财政部和沈阳、上海等地方政府的试点，到1990年，全国证券场外交易市场初步形成。随后1990年11月和1991年4月中国人民银行分别批准成立了上海和深圳证券交易所，在这两个交易所成立的过程中，上海和深圳市的地方政府发挥了关键作用，因此我国交易所的自律管理自开始便有了很浓厚的行政性和强制色彩。但是注册制的施行要求一个公开透明的市场环境，通过对美国、日本等国家的考察，其施行注册制的先决条件是有一个开放性与规范性的市场环境，而带有浓厚行政性和强制性色彩的交易所自律监管显然不能给投资者留下市场化的印象。

（二）监管理念的冲突

我国现有证券监管体制是建立在以信息实质审核为基础上的，在这种监管理念的指引之下，十分重视行政权对市场的引导和监督作用。证监会几乎包办了证券市场的整个监管项目，从企业上市的审核到上市期间企业合规行为的监管，再到企业的强制退市，行政权插手了市场的每个角落。可以这么说，虽然法律名义上赋予了交易所自律权限，但是实施监管的前提的限制，导致引导市场主体的理念仍然停留在最初的行政权至上的状态，市场和自律组织难以发挥其本源的作用，只能任由行政权的扩大。实质上我国目前的交易所自律制度基本都是名不副实的，目前的监管理念是一种政府主导之下的监管理念，这与注册制下要发挥市场无形之手，注重形式审核的理念是矛盾的，故在实施了注册制度之后，现有行政为主导的监管理念与市场理念下重视自律的理念必然会产生矛盾冲突，这对目前我国交易所自律监管和整个证券市场的监管理念制度会产生挑战。

二、对监管体制的挑战

从实质上来说，我国证券监管体制集中体现为以证监会为核心的单层监管体制，证监会是行使监管权力的中心，而交易所仅仅是证监会政策的执行者，对于证券市场无实质的监管权。注册制实施之后，交易所与证监会在监管体系中的错位，以及缺乏独立性的交易所组织架构及监督机制的缺失必然会对注册制的实施产生冲击。

（一）权责不明导致注册制下监管效率的下降

我国的证监会和证券交易所都是证券市场的监管主体，享有对证券交易等活动的监督管理、违法处罚等权利。但是从法律地位上来说，二者是监管与被监管的关系，从事实地位上来说，二者又是管理与被管理的关系。证监会与交易所对证券市场均有监管权，但是对于二者权力界限的区分则较为模糊。这主要体现在以下方面。

1. 授权模糊，缺乏可操作性

我国《证券法》《证券交易所管理办法》等法律法规和规章都对证券交易所的监管进行授权，准予交易所有一定的权限监管证券市场，但是这些授权都过于笼统，缺乏实际的可操作性，而且虽然授予交易所一定的监管权，但是对于如何保障交易所权利的行使没有明确的规定。

2. 授权不明确，导致监管权力冲突

从现行法律制度来看，二者对证券公司自营和经纪业务、证券公司内部控制、财务控制，证券业从业人员参与证券业交易行为，对上市公司信息披露、对上市公司人员等诸多方面的监管权高度重叠。

现行股票发行核准制度下，企业股票要想上市必须经过监管机构的层层筛选，且由于行政权力的过多干涉，地方政府为了本区域经济的发展，都会对企业上市施加一定的政治影响。另外企业上市审核过程不够透明和缺乏市场化操作，一些没能上市的企业会不信任审核结果，导致纠纷。而发行审核一旦得到批准（俗称过会），那么在实践操作中一般默认企业即能够发行股票，只需遵循一些企业上市最基本的流程和条件，通过审核的企业会被交给交易所，由交易所根据企业的性质、规模、经济状况等安排在不同交易所上市。交易所无法对已经通过审核的企业做出终止上市的决定，导致其上市审核变为可有可无的形式。交易所无法实现对上市企业在交易所上市之前的前端事项进行控制，使交易所作为市场防护网最后一层监管作用的意义丢失，导致证券发行审核与上市审核一体化，这也意味着进一步弱化了自律，强化了行政权力。而且根据我国现行《证券法》，证券交易所的总经理由证券监督管理机构任免，这样会导致证券交易所缺乏独立性，其内部的管理运营会受到外部力量的极大干预，在这种情况下，如果把发行审核权下放到交易所，会导致交易所"自我监管"的失效。目前的这种发审一体的方式不仅限制了市场的正常发展，还限制了市场参与主体的热情和活力，导致效率低下。

注册制之下的证券监管，应当要保证行政权力与市场调节的分离，做到监审分开。企业股票的发行和上市遵循自上而下的顺序，交易所先对其基本情况进行审核，之后再上报证监会。证监会主要对其不涉及实质性内容的信息披露、合规经营等方面进行审查，使审查方式由实质价值判断向形式审查转变。

（二）交易所缺乏独立性无法适应注册制下监管角色的转变

既然交易所拥有法律授予的自律监管权，那么交易所应该享有法律授予的权力。对比其他国家证券市场的发展经验就可以看出，交易所与政府监管之间应属于一种互为依托配合的合作方式，交易所与政府机构互相独立，各自发挥作用，二者不是领导与被领导的上下级关系。但是我国证券交易所却面临着自律地位不断弱化，监管权被行政权力蚕食，沦为政府附属机构的危险。

这种危机可能并不是在即将实施注册制之时才出现的，而是在证券监管实践的不断摸索中逐渐出现的，并且随着实践的深入和时间的推移，交易所独立性问题愈发凸显。在实施注册制之后，证券市场的监管主体将会实现由证监会到交易所的转移，证券交易所在市场监管中的角色由之前的辅助作用转变为注册制下的主导作用。如果交易所独立性问题没有得到妥善解决的话，对整个市场环境的孕育和投资氛围会造成很大的打击，影响新制度的推进和证券市场的稳定。交易所缺乏独立性其根本原因还在于行政权力的强势与自律组织的弱势地位的差距，证监会作为国务院下属的专门管理证券市场的机构，能够制定部门规章，典型如《证券交易所管理办法》。证监会通过制定部门规章的形式，无形之中扩大了证监会在市场中的权威和影响力，降低了自律组织的监管效果。

另外观察我国证券交易所的内部组织架构可以发现，证券交易所完完全全地被行政力量所操控。我国证券交易所内部的管理层级以交易所的会员大会为最高权力机构，理事会为交易所决策机构，交易所的总经理和副总经理为执行机构。在这样的交易所治理结构下，重要的人事安排几乎都是由证监会来安排，证监会掌握着正副理事长的提名权，可以通过对提名人选的控制表露监管机构的意志，另外在理事会中占有非常重要角色的非会员理事也由证监会来委派，这样理事会作为交易所的决策机构实际已经处于证监会的管理之下，这也意味着自律权仍然被行政势力所左右。此外，根据《证券法》和《证券交易所管理办法》规定，证券交易所的总经理和副总经理由证监会任免，交易所中层干部的任免报证监会备案，财务、人事部门负责人的任免报证监会批准。众所周知，当一个机构的主要决策和领导层都被另一个组织所控制的时候，那么该机构的独立性和功能也就没有了原有的意义。因此，当证券交易所主要领导层都被证监会控制，而交易所的会员大会又不能发挥其设立的本源意义，因为制度设计的缺陷不能经常召开且大会时间很短，那么交易所只能服从证监会的领导，作为其政策的执行组织，则交易所的独立性问题便显而易见。在注册制要求交易所发挥更大作用的背景下，交易所的独立性显然会对新制度的实施带来挑战。

（三）监督机制的缺失无法保证注册制下的事后惩罚

"如果同一批人同时拥有制定和执行法律的权利，这就会给人们的弱点以绝大诱惑，使他们动辄要攫取权力，借以使他们自己免于服从他们所制定的法律，并且在制定和执行法律时，使法律适合于他们自己的私人利益。"洛克这句话可以理解为立法者既有制定法律的权力又有执行法律的权力时，如果没有良好的监督机制，那么其行为必定会受到利益的驱使而出现违背道德和法律的情况。虽然洛克描述的是对立法者的担忧，但是对拥有规则制定权的证券交易所一样适用。我国的证券交易所根据法律和行政法规的授权享有证券市场的自律监管权，同时也有一定的规则制定权，虽然这种规则制定权由于行政权力的干涉导致交易所在规则制定方面的表现不够明显。但是交易所作为市场组织者与监督者的双重角色，其既能够制定一定的自律规则，又能够行使自律监管权，在没有一定监督机制的制约下，交易所难免会出现因维护会员利益而致投资者利益受损的事情发生。而注册制的特征之一就是践行事后惩罚机制，其适用范围不仅是上市公司而且对证券交易所一样适用。交易所拥有规则制定和执行权，如果没有监督机制的制约，无法保证交易所尽职工作，这也与注册制下市场公平、公开、公正的三公理念相违背。

三、对监管措施的挑战

目前在我国的证券监管体系中，立法上是将证券交易所设计为监管市场的"雷达"，随时为市场服务,监察市场违规行为,保障交易安全,这需要交易所拥有丰富的监管手段和监管措施。但是由于监管理念和监管体制的制约,其所承担的角色并不完美。并且在股票发行注册制度实施之后,交易所之前的监管方式已不能适应市场发展,必须要在监管的手段、措施,还有信息披露以及违规之后的处罚机制方面进行必要的升级。目前证券交易所的监管状态一方面会使很多证券违法违规行为无法查出,容易引发证券金融风险。另一方面虽然交易所能够获取市场参与主体的违规行为,但缺少相应的处罚措施或因处罚措施太过原则性而无法实际操作,造成交易所监管效率低下。证券交易所监管措施日益暴露出的问题,以及注册制对监管理念和监管体制的冲击,亟待交易所监管措施和范围由机构监管到功能监管的转变。

(一)规则制定权的缺失是交易所自律监管主导地位的障碍

由于在监管理念和监管体制方面的制约,政府一直以强势的姿态来应对市场的监管,对证券市场进行全面的干预。而作为证券市场主要调控工具的法律,也体现出这样一个特点,政府在制定相关法规、规章的时候会尽可能地扩张自己的权力,同时作为依法律授权享有自律监管权的证券交易所在规则制定方面的权利则被相应限制。大量的行政立法弱化了交易所自律规则的作用,因此有学者感慨我国的证券市场不是在法律体系相对完备基础上建立起来的,而是在适应复杂的社会实践基础上形成的,这些社会实践是以证券监管机构规章的形式体现出来的,证券监管机构颁布的部门规章其实已经架空了许多证券法规、规章和自律规则。这与注册制下要求市场环境的法制化和透明化明显冲突。虽然对政府职能的认识在社会前进中不断进步,尤其是《行政许可法》出台之后,废除了大批不符合法律规定的事项,证监会向证券交易所、证券业协会等自律监管组织移交了一部分权力。但是市场监管权力的转移本身就是一个利益博弈的过程,尤其是证券市场更是一个利益纠纷错综复杂的场所,政府不会主动的放弃已有的规则制定权,在注册制即将实施的背景下,交易所规则制定权的缺失无疑会影响交易所在监管体制中主导作用的形成,无法实现市场的自律,给证券市场的监管带来挑战。

另外现行的法规制度也无法适应注册制的需要,主要体现为 IPO 行政、民事和司法惩戒法规制度不合理。《证券法》第 192 条和 193 条以及《首次公开发行股票并上市管理办法》构建了发行人及相关中介机构信息披露的行政责任体系,《证券法》第 69 条和 173 条规定了发行人及中介机构因虚假信息披露致投资者损失导致的民事责任。但最高人民法院却规定了相关证券民事赔偿案件的前置程序,其后果就是导致惩戒制度过分倚重行政处罚,威慑力度不够。司法解释对前置程序和诉讼方式进行了限定,设置苛刻的条件,排除集团诉讼、团体诉讼,致使受害者无法及时进行诉讼,无法克服我国中小投资者因人数众多、力量分散而进行集体行动时遭遇的困境,从而也削弱了我国虚假陈述民事赔偿诉讼制度的补偿和惩罚的功能,导致民事责任独立性的丧失。这种前置程序出台之后一直适用,并指导着证券司法实践,直到 2015 年 12 月 24 日最高院新的司法解释 4 的出台才将前置程序废除。但是最高院两个司法解释在实践应用中导致的司法执行效率和行政监管效率的下降及投资者保护理念的缺失仍然对证券市场产生消极影响。另外，中介机构违法违规惩戒规制操作性差。仅将保荐人弄虚作假，其他中介机构人员"故意"提供虚假证明文件等行为纳入《刑法》规制，难以有效遏制中介机构的不作为、乱作为。行政执法与司法移送缺乏有效制度约束。最高检虽然对欺诈发行、虚假陈述等规定了移送标准，由于对证券行政执法与司法移送缺乏有效制度约束，致使一些本应受司法处置的违法行为被行政处罚代之，证券行政执法与司法难以形成合力，大大减低了证券监管执法的有效性和公信力。

（二）信息披露的范围无法适应注册制的要求

在注册制下，交易所的监管重点也会发生转变，交易所应该着重强化上市公司信息披露监管权，保证信息公开，明确各方主体的责任。在认清了监管重点的变化之后，下一步就是如何构建信息披露的监管制度，主流的观点是认为我国证券交易所依法律授权享有对信息披露监管的权力，目前我国证券交易所对上市公司信息披露的监管主要分为事前、事中和事后控制三个阶段。对于事前监管主要是发布信息披露指导规则、对上市公司固定事项或法定要求的报告预先登记、临时报告依情况的不同分类处理；事中监管主要是就异常交易情况或对证券价格可能产生较大波动的情况要求上市公司解释或出具公告；事后监管则是审核定期或临时报告、督促未按要求披露信息的上市公司按要求披露信息。虽然法律赋予了证券交易所一定的自律地位和自律权限，但是这种权力的行使与注册制理念背道而驰，注册制仅要求形式审查，但是在目前的实践中，交易所等证券监管机构对上市公司进行过多的实质内容审核，对于上市公司提交的文件，除审核真实性等注册制下要求的必要信息以外，还对拟披露信息进行全面审核。这种信息披露审核方式在法制环境不健全、信息披露义务人和投资者素质和意识不强的证券市场发展初期能够起到保护投资者利益的作用，但是经过证券市场多年的发展之后，证券法制逐步健全、投资者素质和判断能力显著提升的背景下，此种制度的弊端日益凸显。继续实行这种制度会导致交易所对上市公司信息监管过度，影响企业的正常经营；目前的信息审核方式实际是由交易所来代替投资者进行价值判断，会导致投资者和上市公司对交易所的过度依赖；交易所的监管人员也没有足够的能力对真实性以外的信息披露进行全面审核。

（三）需更新注册制下的处罚手段

与英、美等国的相关规定相比，我国的证券交易所尚缺少两项重要的权力，即对可能的违法违规行为的调查权和实质性的处罚权。虽然《证券法》授权交易所对违规行为有多种处罚措施，但在实际使用过程中对交易所会员只局限于警告和通报批评等轻微的处罚措施。在查处证券违规行为的具体案件中，交易所往往只是具有名义上的权力，缺乏实际行使的权力，大多都是由证监会做出决定交由交易所执行，或是交易所向证监会提交报告并获得批准后执行。交易所变为了证监会指令的执行者，故而使交易所的监管权只停留在纸面上，徒有其表，没有使交易所监管形成足够的威慑力和实际的处罚力。

另外已有的处罚规则也不够完善，导致交易所对某些证券违规行为无明确的参照而无法处罚。例如法律规定，交易所对证券活动进行监管，发现违法违规行为要及时制止或者上报。但是对于制止的对象、制止过程中可行使的权力等具有不确定性。而且在已有法律规定的某种权力下，政府监管机构和交易所并没有出台具体的细化规则，导致交易所具有随意扩大或缩小职权的可能。例如《证券法》赋予了交易所可以在重大异常交易的情况下对证券账户限制交易的权力，但是在细化交易所职权的《上海证券交易所交易规则》（2006）中，只规定了限制交易的情况，对于限制交易的时间、程序和救济则没有规定，这就会导致法律规定的不够细致，在出现突发情况时，由于没有具体的可以参照的流程和依据导致违法行为无法立即查处，造成交易损失和法律责任的落空。如在亿安科技、中科创业、银广夏、ST 啤酒花等证券欺诈案件中，惩罚措施并未落到实处，执法效果大打折扣。在注册制重视信息披露的前提下，交易所因规则限制未对市场违规或异常交易行为进行干预的话，极容易造成市场的不满，这也与注册制的理念背道而驰。

第三节 注册制改革下完善证券交易所自律监管制度的策略

法律制度的修改和完善不是一朝一夕的，是一个不断反复调整改进的过程。证券市场对国民经济的重要性以及监管的复杂性，决定了我们要减少对制度修改调试的次数，减少容错概率。而一个制度完善的前提是有先进理念的引导，在前文确立了完善注册制下我国证券交易所"准强自律"监管的引导理念之后，本章将着重阐述在该监管理念引导之下，我国证券交易所自律监管制度的具体实践和制度完善。

一、确认证券交易所在实践中的自律监管地位

首先需要明确我国证券监管的分工原则：自律监管优先原则、政府适度监管原则以及协调自律监管与政府监管原则。在证券市场业务中，最直接接触市场的便是各种自律组织，同时也是证券市场最直接、最主要的监管主体，比政府监管具有先天优势。故应当确立自律监管优先的原则，该原则又包括自律组织具有独立监管的地位和自律监管在监管体系中优先的原则。在此过程中，政府监管部门应该转变监管理念，从制度上确立证券交易所自律监管的独立性，并在实际工作中保障自律监管的独立性，不对其监管活动肆意干涉。为了能廓清其监管职责并提升自律管理的效果和权威性，已经有不少国家开始立法，将交易所自律管理纳入法律体系中，给予其市场监管的地位，明确其职能范围。我国虽然也在法律上确立了证券交易所自律监管的地位，但是在实践中交易所自律监管仍需确认和强化其地位。

进一步明确证券交易所管理市场的自律性质与地位，首先要解决自律组织"独立法人"的法律定位与实践中行政附庸事实地位的矛盾。避除过多的行政干预，行政单位依法依责的管理，严格遵守划定的权责框架，同时交易所自律部门的独立法人实体也应得到相应重视和目的性培养。另外，交易所自律性管理在《证券法》中应有直接体现，补充写明交易所实行监管单位和内部自律性管理相结合的监管方式，让自律性管理真正有法可依可以增强其法律效力和自律管理的权威性。这是对国际监管经验的有力吸收，更是以逐步承认并建立双重监管机制和完善我国证券市场监管体制的前提为出发点。

建立并强化证券交易所的会员准入规则，建立分级会员制度，会员等级需积分提升，综合考量两方面权衡，使会员准入公开透明化，流程规范标准化。对已入会的会员加强监管考核，提升会员资格含金量，对会员严进严管避免交易所暗箱操作，厚此薄彼。明确证券自律组织与行政组织的权利界限划分，保障证券自律组织监管权的独立与有效行使。为此，我们必须更新理念，及时出台相应的规章制度，明确证券自律组织与行政组织的权力划分，使二者的权力行使始终保持在合法、合理的范围内，这样不仅能有效避免二者之间的相互指责、推诿或倾轧，而且使得双方的权责划分更为清晰，权力的行使也更为合理和高效。

二、明确注册制下证券交易所自律监管的范围

证券监管分工，不仅与一国证券市场的发展密切相关，而且其演变过程也深深地植根于各国不同的政治制度、经济体制、文化传统、社会规范之中，是相互影响、双向互动的过程。同时，由于不同历史阶段政府对证券市场监管权限控制程度的不同，从而直接或间接地决定了证券监管分工的状况。寻求政府监管和自律监管之间的平衡，完善证券监管协调机制，提高监管的成本意识是证券交易所自律监管成功的第一要义。要充分发挥交易所自律监管的优势，首要前提就是要厘清行政监管和交易所监管之间的权责和分工，划清责任界线，确保双方权责明确各司其职。另外在法律制度方面如果说当初在起草《证券法》时，我国立法者考虑到了为了避免贪大求全，以及可能导致的长期争论而拖累整部法律的出台，因而只是给证券下了一个极其有限的定义，那么在金融市场已相对发达的今天，可以说这部法律已落后于现实的需要。在未来对我国证券法律制度进行重构时必须融入"功能监管"的理念，应当意识到《证券法》并不只是证监会、证券公司和上市公司的法律，只有扩展"证券"的概念才能保证金融市场的所有投资者都能享受到同等而且足够的法律保护水平。从世界发达证券市场的历程中吸取经验，从我国证券市场目前发展的实际和特点出发，进一步明确政府监管与交易所自律监管在证券市场中的作用，促进自律监管与行政监管的良性互动与共赢。

证监会与自律组织在进行证券市场的监管方面都存在着各自的优势和不足，因而在实际的操作过程中，应将二者有效结合、取长补短，保证监管效果的最大化。要实现这一目

标，证监会应在以下方面做出努力：首先，应及时转变观念，充分尊重自律组织在证券市场监管中的独立地位。一方面，证监会应全力支持自律组织的监管工作，对于其引导的行业自律和创新活动给予充分肯定；另一方面，证监会应完善相关规章制度，对自律组织监管行为的合法性予以确认，保证自律组织有法可依。其次，证监会应努力创造自律组织监管的外部环境，守住法律"红线"不动摇，坚持公平正义，审时度势合理用权。同时，给予自律组织以充分的信任，将那些更适宜自律组织发挥权限的领域转移给自律组织进行监管，发挥自律组织监管的积极性和主体性。最后，应建立起有效的外部监督与问责体系，实现自律组织的"有权必有责、用权受监督"，确保自律组织监管工作的公平、公正和公开。具体而言，证监会可以通过备案、核准、要求提交报告等方式，对自律规则的合法性予以确认，同时对于那些不合理的规则内容或监管行为，通过警告、建议等方式责令自律组织予以完善和更正，确保自律组织监管实施的正确性和权威性。

同时，自律组织作为证券市场监管的重要主体，有着贴近市场、及时感知市场变化的独特优势，能够在以下几个方面为证监会提供支持与服务：首先，信息支持。证券交易所应充分发挥其贴近市场的独特优势，为证监会提供最新的行业资讯和市场动态，为证监会制定相关政策、及时采取监管行为等提供有效的信息支持，从而提高证监会政策制定的科学性和可行性，确保监管行为的及时性和有效性。其次，人才支持。证券交易所是由被监管者组成的团体组织，拥有着大量具备证券专业知识的人才，能够为证监会在制定相关政策、实施监管行为、发现监管漏洞等方面发挥有力作用，从而为证监会提供专业的人才和技术支持，提高证监会监管工作的科学性和专业性。最后，政策支持。一方面，证券交易所的自治规则可以为证监会相关政策、规章的制定提供一定的参考和借鉴，甚至可以直接成为其中的一部分；另一方面，自治规则可以为重要监管政策的实施提供一种试错机制，及时发现政策存在的不足和漏洞，从而避免造成大的市场波动与损失。

三、强化证券交易所的自律监管职权

相比于政府的行政监管，证券交易所的自律监管具有监管及时、成本较低、成效更为明显等优点，也更容易得到市场参与者的支持与遵守，因而，强化证券交易所的自律监管职权，在净化证券市场环境、规范证券市场行为和防范证券市场漏洞等方面具有重要作用。具体而言，可以从以下几个方面着手。

1. 加强对上市公司的审核工作

近年来，有关于上市公司违规上市、信息造假等问题的新闻层出不穷，刺痛着我国证券行业的神经，也给我国的证券市场造成了巨大的经济损失。而要想在源头上有效避免上述问题的发生，除了要发挥政府、证监会等的监管作用外，还应赋予证券交易所以充分的自律监管职权，发挥其在上市公司中的审核与监督工作，尤其是在注册制落实之后，不对企业进行实质审核，更容易造成企业上市质量的良莠不齐，导致交易风险的发生。具体而言，包括以下两个方面：其一，应加强对上市公司的资格审核工作。应严格按照相关制度和标准对上市公司的资质和条件进行严格的审查和把关，对不符合标准和要求的上市请求予以驳回，以规范上市程序、严肃上市过程；其二，应加强对上市公司提供的相关资料、数据的审核工作，及时发现可能存在的虚假上报上市资料的情况，同时对存在虚假上报问题的公司和相关责任人进行严厉的处罚，以保证上市工作的权威性和严肃性。

2. 赋予证券交易所以充分的上市信息披露监管权

自 1933 年美国确立起信息披露制度以来，信息披露制度便成为各国证券市场管理制度的重要内容之一。尤其注册制度下，信息披露更是成为市场公开、公正的保障和首要标准。

所谓信息披露制度（Information Disclosure System），即是指上市公司为了保障投资人的权益和利益、接受社会公众的问责和监督，依照相关法律法规的规定将其自身运营状况、财务收支等信息及时向相关部门进行报告并主动向社会公开、公布的过程。其内容由两部分构成，即发行前的披露和上市后持续的信息公开，其中，上市后持续的信息公开又可细分为上市阶段的信息公开和交易阶段的信息公开两部分。信息披露制度的存在和施行不仅能有效避免证券市场中存在的投机倒把、不当交易等违法行为，而且最大限度地实现了证券市场的公开化、公正化、公平化和透明化，是世界各国证券市场得以正常、持续发展的重要保障。在注册制背景下，信息披露制度就变得尤为重要和必要。同时，在信息披露制度的监督主体上，证券交易所作为证券市场的一线监管者，不仅能根据证券市场发展的实际制定科学合理、系统全面的信息披露制度，而且能及时发现可能存在的制度漏洞或缺陷，具有其他监管主体无可比拟的优势地位，但就我国现实情况而言，信息披露制度的监管主体主要是证监会，证券交易所参与较少，作用尚未发挥。因而，应及时改变这种状况，改变证券交易所在信息披露监管中所处的弱势地位，赋予其充分的监管权，最大限度地发挥其在信息披露监管中的优势和作用，促进我国证券市场的健康、科学、持续发展。

3. 加强对证券交易活动及其过程的监管和完善

首先，应改变由证监会制定证券交易所自律规则的做法，将自律规则的制定权交还给证券交易所，由证券交易所根据证券市场发展的实际，制定相关自律规则并报证监会审批，证监会可对规则内容进行相应的审查，必要时可给出自己的修改意见或建议。这样做不仅能保证自律规则的制定更符合证券市场的要求、更有利于促进证券市场的发展，而且使得证券交易所成为规则制定与实施的双主体，在调动了证券交易所监管积极性的同时，也使得监管更为有效。其次在证券违法违规的惩处方面，改善现行法律对二者处置违法行为的权限规定不明确的现状，强化证券交易所依据自律规则处罚违法行为的一般权利。经济分析法学的的研究表明，违法犯罪行为的屡禁不止主要原因是成本与收益的显著不对称，即证券欺诈行为的肆虐源于违规成本远低于所获得的收益。因此强化证券交易所对违规行为的惩罚力度和手段，提高违法成本，使交易主体不敢以身试法，同时证券交易所将违法案件的处置情况上报证监会备案，证监会通过备案程序对交易所的处置行为进行监管。这样既分流了监管工作量，又能发挥二者优势，提高效率。

四、完善司法介入和社会监督机制

权力是柄双刃剑,妥善利用可造福一方,滥用错用则会贻害无穷。因而,我们应坚持"有权必有责,用权受监督,侵权要赔偿"的原则,"把权力关进制度的牢笼",加强对权力的问责和监督,防止权利的滥用、误用、错用。如前文所言,我们应积极发挥证券交易所在实施自律监管方面的积极性,赋予其充分的自律监管及制定自律规则的权利,但同时我们也应注意到,应及时建立起证券交易所自律监管行为的可诉性制度,即保证证券市场参与者尤其是受损方对于其所认为的证券交易所在监管或裁定过程中存在的问题或不公,能够以证券交易所为被告提起诉讼,以维护自己的合法权益。除此之外,还应建立起多条外部监督途径或渠道,使公众、媒体、社会舆论等对证券交易所的监督和问责成为可能,确保权力的正确和规范使用。

(一)完善司法介入制度

应确保证券交易所自律监管行为的相对可诉性。这样不仅使得证券市场各方参与主体的合法权益有了制度性保障,解除了他们的后顾之忧,反过来也使得证券交易所的监管行为更具权威和说服力。再者,从现有理论上来看,证券交易所的自律监管行为也应当具有可诉性,因为证券交易所一旦行使其自律监管职权,便与其会员和监管的上市公司形成了民事上的权利义务关系。司法按照其所涉及的范围可以分为刑事司法、民事司法、行政司法,在本节中,对于证券交易所自律监管的司法介入主要指民事和行政司法。司法具有专属性、程序性、专业性和权威性等特点。这可以说是司法介入证券交易所自律的一般特点。

证券交易所的会员、上市公司接受证券交易所的章程、上市协议以及交易所的交易规则等,并自愿受证券交易所的监管,证券交易所也有义务积极的履行其监管职责,如若证券交易所在监管过程中怠于监管或者监管不善造成不良后果,那么受损害的上市公司或者投资者就有权利提起民事诉讼并要求赔偿其损失,同时追究证券交易所的违约责任。但是如何能在尊重自律组织享有的自主管理权限的同时进行合适的司法干预,寻求二者之间的平衡点,是司法在对自律组织进行干预时面临的主要难题。从体制上而言,自律组织并不隶属于行政机关,相反,各自律组织都按照其既定的自律章程和规则享有对成员的自主管辖权,法律和司法只能予以尊重和保护。但实际上,我们也应看到,缺少了必要的司法介入或监督,也容易造成这种自主管理权限的滥用和错用,损害到其成员的合法权益,然而,如何实现这两种张力之间的妥协和平衡,也是司法界一直在努力思索的问题。在要不要进行司法介入和如何进行司法介入的考量方面,是否能在维护证券市场公共秩序的同时实现内部秩序的有序发展,并且不损到市场参与者的利益,是司法者应予以考虑的问题。就我国目前的实际来说,行政对于证券交易所的主要任务反而应当是放松监管。而司法作为"最小危险部门",是对自律进行监督和制约的较为合适的外部力量,可以有效防止证券交易所自律管理权的滥用。在价值存在如此多样、价值取向如此多元的今天,司法权力必须保持足够的谨慎和小心，统筹规划、多方权衡，以求得各种价值之间的和谐与均衡。同时，我们必须承认，司法不是万能和无界限的，其在介入证券交易所自律时应当保持必要的谦抑性，即以尊重自律为前提。司法谦抑"并非学者或司法官员的遐思迩想，而已经内化为司法的伦理品格"。因而，我们应尽力避免司法介入的非理性和贸然性，更不能在证券交易所自律机制尚未发挥作用时就强行介入，因为司法介入是对自律的有益补充，是为了弥补自律存在的不足，而且司法介入的实施与否，还要取决于市场参与者的自主选择，因此，在自律面前，始终保持司法介入的谦抑性和被动性，是非常必要和重要的。

（二）健全社会监督机制

应建立起多条外部监督途径或渠道，营造良好的外部监督氛围。以公众、媒体、社会组织等为代表的这些外部力量，具有数量庞大、来源广泛、参与积极性高等特点，能够有效弥补司法监督的不足和交易所自律的有限性，是对二者的有效补充。在实践过程中，监管机构由于并不能总是处在监管的第一线，因此期待政府或交易所能发现所有证券违法违规行为是不现实的，也不能期望由监管机构来完全承担证券市场失信、证券违规发现等责任。在证券市场中，各交易主体是直接的参与者，他们都有表达自己意愿的权利，并具有发现证券违法违规行为的先天优势，政府和证券交易所并不是法定的和唯一的证券违规发现机构。在介入条件上，社会监督方式具有比较便利的身份，政府由于其身份和主体的特殊性，并不是所有的证券违规案件都由政府来介入，政府介入不当极有可能会造成证券交易价格的波动等不良影响，而社会监督方式在介入条件上没有限制，也不会带来这样的困扰。同时社会监督方式的开启和强化，也能够节省政府开支，培养群众和社会组织的主体意识和责任意识。就具体的制度建构而言，可以从以下几个方面着手：一是应积极发挥第三方力量如中介机构、代理机构等的作用，发挥审计机构、评估中心、律师事务所、会计师事务所等具有的优势，通过这些机构的资料搜集、数据分析、报告评估等工作，努力提高证券交易所信息披露的真实性和资产评估的可信度。二是应加强媒体舆论的监督，利用报纸、电视、互联网等媒介，利用媒体平台的曝光性和广泛性，揭露证券交易所存在的违法违规行为和渎职现象，并督促其尽职工作。三是应完善证券市场投资主体的监督，调动这些投资主体参与监督的积极性，拓宽他们参与监督的平台和途径，随着投资者维权和法律意识的提高，此种方式会成为社会监督的重要力量。

第五章 证券交易所监管的司法介入研究

第一节 证券交易所自律监管司法介入的现状

一、现实需求与制度供给之间的矛盾

随着我国证券市场的快速发展,市场中各种利益冲突变得日益尖锐起来。反映在诉讼中,越来越多的市场参与者特别是投资者以证券交易所自律管理行为导致其利益受损为由,请求法院判令交易所承担赔偿责任。但是,在制度供给层面,我国《证券法》未能涉及司法介入证券交易所自律问题。

最高人民法院《关于对与证券交易所监管职能相关的诉讼案件管辖与受理问题的规定》是我国第一个有关司法介入证券交易所自律的规范性文件。该司法解释的核心内容包括两个方面:第一,实行指定管辖。司法解释指定上海证券交易所和深圳证券交易所所在地的中级人民法院分别管辖以证券交易所为被告或第三人的与其监管职能相关的第一审民事和行政案件。实行指定管辖是最高人民法院基于此类案件的专业性较强,而且各地法院因当地证券市场发展程度不同所致对相关知识的认知程度、审判经验的明显差异等重要因素进行充分考虑的结果。同时,实行指定管辖能够在最大程度上确保法律适用的统一性。因为,证券交易所的自律管理行为会影响到整个证券市场,涉及分布于全国各地的众多市场主体。如果在法院审理证券案件的能力相对较弱的情况下,就允许各地法院都有权受理这类案件,很可能出现"同案不同判"的现象,这必将危害证券市场的安全稳定和健康发展,必将损害司法权威和公信力。此外,实行指定管辖有利于提高法官的司法能力,造就一支熟悉证券案件审理的专家型法官队伍。不过,有学者将这种指定管辖的做法视为限制诉讼的"灰色地带",并认为会增加当事人提起诉讼的难度。

第二,确定受案范围。司法解释对指定法院受理案件的范围做出了明确限定,即界定了证券交易所履行监管职责行为的范围。主要包括三类:法律、法规和规章规定的监管行为;证券监管部门授权的监管行为;合同约定的监管行为。同时,司法解释规定了法院不予受理的案件范围,其具体判断标准是"不直接涉及投资者利益"。这体现出司法对证券交易所自律的有限介入或者干预,确保将部分不必要的案件挡在法院的"大门"之外,使

交易所自律不受不当干扰进而保持自律的积极性，最终实现证券市场的公平正义。

尽管上述司法解释对司法介入证券交易所自律的案件管辖及受理问题做出规定，但这只是程序方面的规定，并不涉及实体规则部分。由于缺乏足够的审判依据，有关涉及证券交易所自律的案件审理一直困扰着法官。所以，现实制度供给的明显不足，弱化了司法裁判功能的实际效用，不利于保障司法介入的法治化。

二、自律管理与外在干预之间的矛盾

证券交易所管理的灵魂或精髓在于自律。一般意义上的自律，更多体现的是"不受干预且自负其责地管理自身事务的一种状态"。因为，"自律源于自律组织参与者的合意"。而司法是"司法机关代表国家行使司法权，适用法律解决社会纠纷的活动"。因此，司法的介入就意味着国家对证券交易所自律的干预，这无疑对自律的运作构成较大威胁。

实际上，现代绝大多数拥有成熟证券市场的国家或者地区实行的是法定自律。这种自律制度是在法定的框架下运行的，法律既赋予证券交易所履行职责所必需的权力，又对其行使自律管理权予以限制。可见，证券交易所自律只能是相对的，而不是绝对的，不可能成为"国中之国"。对自律实施干预是实现证券市场有效运行的重要手段。这种干预既包括行政干预，也包括司法干预。在我国，行政监管与自律管理之间的关系协调问题是学者的重要研究对象。同样，司法介入与自律管理之间的平衡问题也需要认真探讨。司法的目的在于"对妨碍或侵扰秩序的行为进行矫正"，以"维护一种不断展开的行动秩序"。换句话说，司法介入证券交易所自律的目的在于矫正或者修复自律对公正的背离，从而对自律运作产生"正统化的效应"。但是，自律作为"司法体系之外的规则体系"，对司法介入具有天然的排斥性。这就决定司法保持适度介入的必要性。因此，如何保持两者之间的平衡是司法介入法治化的难点之一。

三、转型因素与法治标准之间的矛盾

当前，我国证券市场作为强制性制度变迁市场，其发展的基本定位是"新兴加转轨"。转轨特征表明该市场带有浓厚的行政化、政策化和管制化色彩。从现状考量，我国证券市场秩序选择存在"利益错配"问题。因为，各市场利益相关者参与制度过程的动机、目标和方式在客观上各有差异，利益差别的存在导致形成一定的利益对峙关系。而且，新旧利益关系在博弈中处于不断交替和变化之中，各利益主体的冲突在所难免。比如，我国证券交易所虽在组织结构上属于会员制，但有学者鉴于其行为取向更具行政性而将之称为"行政会员制"。在政府行政权力的严格监控之下，证券交易所在事实上成为行政监管体制的一个组成部分，从而在制度层面出现"路径依赖"，以致自律异化而失去其本来面目。

有什么样的证券市场，往往就有怎样的法院。在我国现行的政治经济体制框架之内，权力部门彼此间的关系在本质上表现为分工基础上的"各管一摊"。在证券行业领域内，行政监管部门自然而然地成为处理相关问题的首要责任部门。面对行政权力主导下的证券市场，我国法院对现有证券市场秩序中存在的问题通常持保守立场，在主观上并不想积极介入。这在解决因证券交易所自律引发的纠纷时也毫无例外。因为，"对某些涉及社会、政治、经济等有影响力的案件，司法权必须服从于其他权力的调控而不能独立进行裁判"。具体来说，法院的顾虑主要是：证券交易所地位特殊（行政化色彩浓厚）；可能导致群体性诉讼；案件专业性太强。尽管法院近年来受理并审结了一系列权证纠纷案件，效果应当说不错，但这种顾虑并未消除。实际上，法院对解决纠纷畏缩不前与有限介入理念有着天壤之别。在司法最终解决纠纷的功能无法有效发挥的情况下，市场参与者特别是众多投资者会选择远离证券市场，使该市场因失去血液而日渐萎缩。

第二节　司法介入证券交易所监管的可行性分析

一、纠纷的司法介入理论

司法介入理论是近来学术界创设的比较新的理论，司法介入理论首先要解决定义，纠纷的司法介入也即纠纷可被提起诉讼来解决的属性，也常常用纠纷的"可诉性"来表示，是指纠纷产生之后，纠纷争议主体可以将该纠纷诉诸司法的属性，也可以说是纠纷能被诉诸司法并通过司法途径解决的属性。而在实践中纠纷的司法介入表现为争议主体之间因纠纷而诉至司法的行为，同事也包括司法机关的行为，也即纠纷作为司法的对象而由司法机关审判的过程。但是即使判定某一纠纷能够由司法介入，也并非只能通过司法途径解决，因为并非任何时候司法途径都是解决纠纷的最佳办法。在民事而非刑事领域内，几乎所有产生的纠纷都可以由当事人协商解决或者其他诉讼外的方式解决。有些纠纷通过诉讼外的方式解决也许更为合适，优点更为明显，当事人可以选择更多的替代诉讼的其他纠纷解决机制。

司法介入本身的定义因为系最近数年学界创设的新概念，除上文提到的几种解释性定义外，截至目前尚无权威定义，笔者以为，可以综合学术界尤其是诉讼法学界对司法介入的使用及说明的情况，可以给司法介入下一个表述性的定义：存在法律关系的当事人之间产生纠纷后能够采取诉讼或仲裁等法定方式解决争议的属性。一般意义上，对于公民之间产生的纠纷，利用国家强制力去解决纠纷是这种解决方式的最后一环，而国家本身也应以其强制力来维护法律保护的社会关系，对于公民之间的纠纷国家都应建立相应的法律机制通过法定程序来解决。从这个层面上说，有法律关系就必然会有保护这种法律关系的纠纷解决机制。而非法律关系，比如因为单纯的友谊、恋爱等其他社会关系所产生就纠纷就不适宜由国家强制力来解决。然而在我国，仍旧有许多本应属于法律调整的社会关系，产生纠纷后却并无法通过法定的诉讼程序解决，例如在行政诉讼中，有许多行政相对人与行政机关之间的争议都被归为信访事件，人民法院不予受理，也不接受法定的行政程序。

所以说，在我国的司法实践中，纠纷的司法介入并不是以法律关系为确定的标准。在诉讼实务中，只有在法律和司法解释明确规定某种法律关系具有可诉性，并符合诉讼的条件后，人民法院才得受理并启动诉讼程序。因此，在我国当前的司法环境下，司法介入的法律关系标准需要扩大化，以更好地保护公民的权益，使纠纷得到公正的解决。在学术界，我们更多地需要探讨一些特殊的法律关系，还没有纳入法律认可的能以诉讼解决的法律关系，这一问题的解决具有现实意义。我们需要探讨的是，对于证券交易所的监管行为是否能够由司法介入，即证券交易所与市场参与者之间的法律关系是否能够纳入诉讼程序中，法院是否应该介入这种法律关系产生的纠纷，如何介入以及介入程度的深浅的问题。笔者认为，证券交易所的自律监管行为应当由司法介入，具体的理由包括三个方面，即司法介入的必要性、可行性、合理性分析。

二、司法介入的必要性分析

（一）我国证券交易所监管现状——立法体系视角

按照交易所自律监管权的权源来说，包括了法律直接赋予的监管权、证监会授权的监管权以及证券交易所依据自律规则权限所自创的监管权。

而从立法体系的角度来说，有关证券交易所自律监管的现行立法，首先是2005年新修订的《证券法》，首次对证券交易所自律监管的法律地位予以明确规定——实行自律管理的法人。并且对于"会员制"予以强调，《证券法》第110条规定："进入证券交易所参与集中交易的，必须是证券交易所的会员。"此条中直接将"证券公司"的称呼改为"会员"，而会员这一主体的范围要大于证券公司，体现了交易所有权根据条件自主扩大参与市场交易的主体范围。

此外，对于证券交易所自律监管的权限放宽尤为明显，除了将证券发行和证券上市两个审核程序分开之外，把原本属于证监会的上市审批权交给了证券交易所。连带的暂停、终止上市的决定权也赋予了证券交易所。关于上市条件，沪深两个交易所甚至可以在上市规则中规定出高于证券法规定的上市条件，这给了交易所更大的监管空间。还在第113条中规定了证券交易所的即时行情发布权，为证券市场信息的获取提供了可靠来源，是市场信息安全的保障。同时证券交易所还具有对出现重大异常交易情况的证券账户采取限制账户交易等措施。这些修订后的规定都给了交易所更多的自律监管权和更大的自律监管空间，使得证券交易所的监管效率有了明显的提升。

从整体的立法体系来看，除了新修订的《证券法》设专章对交易所职能地位做出总览性的规定之外，2001年由中国证监会颁布的《证券交易所管理办法》也对交易所的相关事项做了更加细致的规定。尤其是在交易所的组织结构设置和具体的权限上，并且也强调了交易所及其从业人员对证监会工作的配合，还提出了一部分处罚措施，应该说是证监会本身的一项管理性规定。但该办法与证券法始终只能做相对原则性的规定，作为市场的一线监管者，交易所本身更贴近瞬息万变的证券市场，因此交易所自身制定的交易所章程和交易所规则更为细致具体，也就更具操作性和实用性。证券交易所的章程规范的对象主要是交易所会员，其内容一方面是交易所内部机构的设置另一方面是对交易所会员的规范性管理；证券交易所的业务规则是交易所管理市场参与者以及证券市场的主要依据。依据《证券交易所管理办法》第15条的规定，证券交易所的业务规则包括：交易规则、上市规则、会员管理规则以及其他有关规则。然而整个立法体系并不十分完善，证券法本身需要与时俱进进行完善，特别是与市场交易有关的内容，此外交易所的章程制定与修改权实质上旁落，交易所本身的规则制定权需要规范和确认。

（二）我国证券交易所自律监管存在的问题——司法介入的视角

1. 证券交易所缺乏独立性——极易陷入行政诉讼

我国《证券法》明确了证券交易所的法人属性，从这个意义上也应当尊重其独立性。纵观世界范围内成熟的证券市场所选择的模式，也即证券市场监督管理机构与证券交易所二者之间的关系的处理，最佳模式应当是二者之间各自独立又相互配合的模式，二者之间属于监督与被监督的关系，而非监管与被监管的关系。而我国的证券交易所在1997年正式纳入证监会的管理范围之后，其与证监会之间的行政联系变得更加紧密起来，在证监会的监管操作中，沪、深两个交易所俨然成了证监会伸向证券市场的两只触角。交易所为了满足上级行政机关的命令，作为市场的一线监管者将市场的各类交易情况上报给证监会，证监会则由此取得监管活动的一手资料，形成这种自下而上的监管架构，交易所自律监管大打折扣，其积极性和能动性都大大降低，自律监管活动完全是服务于证监会的监管。从我国的实践看来，证券交易所基本丧失了其独立性而成为证监会的附属机构。

也使得交易所在某种程度上具备了行政授权的性质，同时也使得交易所很容易地成为因证券监管行为带来的行政诉讼的被告，给证券交易所带来了不少诉累，交易所来说，"非但没有形成足够的威慑力和实际的处罚能力，没有充分发挥其一线监管的优势"严重地干扰了证交所的独立发展，也给交易所的诉讼机制带来了更大的难题。

2. 司法介入交易所自律监管存在问题

处于证券市核心地位的证券交易所承担着市场组织者与一线监管者的重任，证交所的每一次决定与管理行为关系着整个证券市场的发展与稳定。影响如此之大的交易所在自律监管过程中很有可能会出现一些管理漏洞或失误，其做出的决定也可能存在不及时不合理的情形，而由此会损害到市场参与者的利益，而交易所与各个市场参与者之间都因为契约或法律规定而存在着不同的法律关系，因此加大了交易所面临诉讼的可能性。

近几年来在司法实践中关于对证券交易所提起诉讼的案件不断增加，有很大一部分是针对交易所的自律监管行为提出的，对此，2005年最高人民法院颁布了的司法解释《关于对与证券交易所监管职能相关的诉讼案件管辖与受理问题的规定》专门就针对自律监管行为起诉的受理与管辖问题进行了规定。主要包括三点内容：管辖法院和管辖级别的确定；受案范围的限制，仅限于证券交易所依据法定授权、证监会的行政授权以及交易所制定的自律规则所进行自律监管行为引起的诉讼；最重要的是强调不直接涉及投资者利益的监管行为引发的诉讼，不能被法院受理。

从理论上讲，该解释的出台也有一定的积极意义，第一，在管辖地和管辖级别上进行确定，统一了管辖地，提高管辖级别也提升了法官的整体素质，避免不同地域、级别法院法官的不同认知而导致不同的判决结果出现；第二，明确了受案范围，可以给起诉人更明确的指引，同时也避免交易所承担许多不必要的诉累；第三，强调不直接涉及投资者利益的监管行为引发的诉讼，不能被法院受理，也很好地防止了滥诉现象。

但从司法实践来看，这个司法解释并没有取得理想的司法效果。实践中，法院虽然改变了司法解释颁布之前的案件受理态度以及对诉权的否认，对于符合立案条件以及涉及原告利益的都尽量予以受理，但进入到实质的审理阶段中，却碍于交易所以及证监会的压力，避免交易所承担过多的责任，而基本上都否定原告的请求权，做出驳回原告起诉的判决。这一司法解释明确了受案范围，本应给当事人更明确的指引，而启动诉讼程序后，由于诉讼标的数额大，原告还需要承担高额的诉讼费用，而最终却无法解决争议，打击了当事人的积极性和对司法系统的信心，同时也牺牲了司法资源，完全失去了司法解释发布的意义。还有另一个问题，司法解释中提出的"不直接涉及投资者利益"这一标准显得十分模糊，而且在实践中也有很大的操作空间和自由裁量，实践中存在的大量行为都很难判定是否符合"直接"的标准，给司法审判带来了难题。所以在制度设计上对这一纠纷解决机制进行完善，提出具有可操作性的办法是至关重要的，我国的相关立法还有待完善。

3. 证券交易所在解决证券纠纷中存在的问题

对于交易所的纠纷解决的法律规定，在《证券交易所管理办法》中就有体现，该法第三十条规定了交易所制定的具体交易规则所包含的内容，其中第五项则是"交易纠纷的解决"，这说明证券交易所也是纠纷解决规则的制定者。交易所可以更好地利用一线监管地位以及专业人员和技术的优势来寻求交易纠纷的解决之道，从而更好地发挥监管作用。然而在实践上并非如此，法律规定和实际的执行存在差异，在该办法中对于纠纷解决方式还有更明确的规定，即第五十二条规定"上市协议应当包括下列内容"，下含8个子项目的内容，第7项便是"仲裁条款"；这里使用的是"应当"，也就是说上市协议中必须包含仲裁条款，带有强制的色彩。但事实并非如此，以上交所为例，在2013年最新修订的《上海证券交易所股票上市规则》中也未规定仲裁条款的内容。

交易所通过交易规则的制定来寻求解决争议的力量被大大削弱，因此交易所在有关自律监管的纠纷解决上所能发挥的作用十分有限。实践中解决此类纠纷的主要方式还是诉讼，而正如上文所提到的，这样的诉讼方式也无法解决实际问题反而浪费司法资源。因此发挥交易所在自律监管纠纷解决上的作用显得尤为重要，此外还需要法律法规对其纠纷规则制定提供支撑，建立更加多元化的纠纷解决机制。

（三）司法介入的必要性

首先，从实践上来说，证券交易所在实施自律监管行为过程中，可能由于工作失误或疏漏，很容易给其监管对象上市公司、交易所会员以及投资者造成损害。特别是对会员的纪律惩处以及对上市公司和投资者采取的监管措施会直接对会员产生法律上的后果；上市公司和投资人的利益也会受到不利的影响。正如有学者指出"一方面，证券交易所作为交易规则的制定者和实施者，既有可能出现显失公平的情况，也有可能出现与法律规定相背离或者脱离了授权范围的情况；另一方面，证券交易所作为市场的组织者和管理者，其在组织与管理活动中也有可能出现各种工作失误或疏忽以及不够及时而损害到其会员和投资者的利益"。

其次，从理论上来说，"无救济，无权利"，这是权利救济理论上的基本论。上文中提到证券交易所在实施自律监管行为过程中，可能由于工作失误或疏漏，很容易给其监管对象上市公司、交易所会员以及投资者造成损害。那么法律就应当为其提供救济的途径，包括最后一道司法救济的防线诉讼。所以当事人有权对此向法院提起诉讼或者通过仲裁途径解决，也就是说，证券交易所的自律监管行为完全有可提起诉讼的必要性。"承认证券交易所的自律监管行为具有可诉性，也体现了现代法律精神，有利于保护上市公司、交易所会员及投资者的合法权益，还有利于规范证券交易所的监管行为，并促进证券市场的健康发展。"

三、司法介入的合理性分析

（一）防止交易所自律监管权滥用

中国自古就是一个有着重权力轻权利，而同时权力又缺乏必要限制的国度。交易所的自律监管权也不例外地缺乏必要的制约，主要体现在：首先，交易所在证券监管的体系构架中占有重要地位，与证监会共同承担着监管市场的责任，由于交易所的这种特殊法律地位，也使得交易所在实施自律监管的过程中可以不受司法机关的制约，出现权利与义务不对等的现象；其次，立法授权的不规范。证券交易所的许多自律监管权都是由法律法规直接授予的，而这些法律法规在授予的条款中并没有细致的规定，这就导致了交易所在实施监管行为时存在着很大的自由裁量权，使得交易所的权限有自主扩大而与法律相悖的可能。最后，交易所的自律监管活动在程序上不够规范化，程序上的不正义就会直接造成结果的不正义，"同时立法的缺失，导致交易所在实施自律监管权的过程中没有规范的程序对其进行规范和制约"。

权力需要制度来进行规范和制约，权力若缺乏约束，专制就会横行而出现权力滥用的现象，所以应当把权力关进制度的牢笼。自律监管权在没有足够力量制衡的情况下也十分容易被滥用而给被施加权力的向对方造成损害，所以司法介入交易所自律监管能够给交易所敲响警钟，监督和制约交易所的自律监管权，规范交易所的自律监管行为。

（二）保障市场参与者的权益

市场参与者的利益也是广大公民的利益，在某种程度上说，交易所也承担着保护公共利益的职能，投资者的保护一直是我国证券法制的目标，国家应当建立完善的保护机制对市场参与者提供保障，增加市场参与者的参与热情和信心，创造健康稳定的市场环境，对于中国证券市场的长远发展具有重要意义。

司法手段作为权利救济的最重要的一种手段，以公权力保障纠纷得到公正解决，权利得到充分的救济。自律监管权的很大一部分都是来自法律的授予，因此也应该受到法律的制约和规范，有权力则必有滥用的可能，有权利侵害则必有救济来提供权益保护，这体现的是现代法治精神。因此，在相关的权益主体权益受到侵害时，必须提供必要的救济来保障市场参与者的权益。除了内部救济之外，适度的司法介入是适当而可行的。为保证证券交易所的自律性和独立性不受侵犯，除了寻求内部救济之外，外部救济的力量不能过大，而十分注重程序正义的司法审查方式则是一种经过不断优化并且谨慎的介入方式，在各个国家权力机构中，司法审查相较于立法部门和行政部门，司法部门是"最不危险的部门"。司法审查一方面对发挥着监督交易所自律监管行为的作用，另一方面也最大限度地保障了市场参与者的权益。

（三）促进交易所自律监管的良性发展

确立证券交易所的独立法人地位是在立法的一次次进步中实现的，而我国的证券监管模式也是逐渐走向成熟发展的过程中确立了交易所和证监会二元化的监管模式，近几年来证监会逐步下放监管权限，立法的革新中也扩大了自律监管的权限范围，而自律监管权的扩大并非是为了去扩张一种权利，相反是为了更好地实现权利主体的良性发展，从而带动证券市场的发展。尊重交易所的自律自治是市场的需求使然，而这种自律权在行使的同时也需要他律来规范，"自律是行为主体自身进行的自我约束与管理，而他律则是行为主体以外的力量，一般是公权力对行为主体的必要性制约以及监督，自律的形成和良性发展都离不开他律。"

因此，交易所自律机制的形成和发展也离不开司法的必要性审查，司法有着严格的程序和谨慎的审查，可以在保障交易所自治性的前提下，给交易所必要的监督和审查，督促和警醒交易所在实施自律监管行为的过程中保持认真负责的态度，自觉地在法定范围内规范行使职权，减少因为自律行为的自由随意性而造成的对被监管人的损害。因此交易所的自律需要有外部的他律力量介入来弥补自身的不足与缺漏，促进交易所的良性自治。

第三节　证券交易所自律监管司法介入的路径

一、建立诉讼阻隔机制

（一）建立诉讼阻隔机制的必要性

1. 交易所本质的客观要求

从对证券交易所成立初衷及同后的发展壮大所依据的根本规则等的分析中可以看出，在政府还没有介入证券市场监管体系时交易所的自律监管就是使市场得以有序运行的根本保障。而即使在政府开始干预以后，证券交易所的自律监管也依然是市场不可或缺的核心监管所在。自律监管作为证券交易所的本质一直没有发生根本性的变化。这一特点在各国立法中都得到了承认和保障。那么既然我们对证券交易所作为自律监管组织的法律本质丝毫不质疑，就应将这一理念贯彻到司法制度中去，应当尊重证券交易所在其所监管范围内对各种事项的自主决定权。这意味着，在证券交易所对市场进行正常监管的过程中是有一定的自治权的，任何行政与司法的力量都不得随意介入。若使政府监管与司法审查对证券交易所的自律监管行为可进行任意干涉，则后者的保障就会成为一纸空文。因此，为保证立法对交易所自律监管职能的加强不会形同虚设，自律监管往往会创设司法介入的阻隔机制，对于针对证券交易所自律监管行为所要提起的诉讼设置一定的机制障碍，避免证交所因疲于诉讼而不能切实实施其自律监管职能。

2. 证券市场基本特征的客观要求

证券市场是一类特殊的市场，它具有复杂性、多边性、专业性等特点。从复杂性上分析，证券市场中存在无以数计的利益群体，这种强大的包容性是其他市场所无法企及的，而各主体之间的复杂关系就更加难以梳理，它夹杂着公权和私权的行使，既有法律性质的关系也有经济性质的关系。从多变性上来看，证券市场是一种具有虚拟特征的市场，背后各种力量的相互较量及市场需求的不断变化使得证券市场行情瞬息万变，难以捉摸。因此一方面要适应这种多变形态下的监管要求，就必须有一种非常灵活的反应机制，使之能紧随市场的变化而迅速做出调整，而不能在僵化或过于规范的机制下行事。这时就需要证券交易所有必要的自由裁量权和终局决定权。另一方面经常变化的决策需要机制本身的转变成本低廉，否则就是对监管资源的浪费，也无利于长久的有效监管。最后从专业性角度来分析，证券市场的基础知识并非是一般人所能轻易理解的。它包括非常抽象的经济知识和独特的交易方式等，是普通人很少涉足的一个专业资本市场，包括法官对此也难以做到熟悉和把握。如果没有经过专门训练，则同样是该市场的业余人士。这种情况下由业余人员审理专业纠纷，自然不是过于想当然地简单化处理，就是像是捡到烫手山芋般不知如何解决而贻误最佳处理时机。而证券交易所则拥有大量的专业证券人才，他们熟悉证券交易惯例和业务，他们参与了规则制定的整个过程，那么由其进行执行和监管自然是最合适的。因此这种自律监管无疑要比司法介入要有效很多，不会贻误时机，降低效率，能在最短的时间内对利益急需救济的当事人实行最优处理，避免其因陷入冗长诉讼而得不偿失，并且最终也保障了市场的正常运行。

3. 合理化解交易所自律管理法律风险的客观要求

如的所述，证券交易所位于市场的中心，与众多复杂的主体之间均有直接或间接的利益关系，因此极易招致种类繁多的法律风险。当其实行自律监管，实施监管措施或纪律处分时，必然会对相对方的利益造成一定的负面冲击。而这相对方又是如此庞大的一个群体，不仅有会员、上市公司，还有数以千万计的市场投资者。若投资者就其投资损失随意对证券交易所提起诉讼，则证券交易所的诉讼风险就会急剧攀升，造成一种防不胜防的局面。因为证券交易所的每个处理决定虽然仅针对会员等直接做出，但其背后这些投资者的利益实在难以保证不受牵连。这种过量的潜在的巨大风险，势必会影响交易所实行自律管理的决心和行为。从司法实践来看，近年来证券交易所作为被告或第三人的这些诉讼中，原告也确实集中在个人投资者身上。另外，证券交易所涉讼的监管行为往往涉及被监管者的重大利益，如股票的暂停、终止上市等，若适用诉讼程序，则依据诉讼以公开审理方式为一般情形的原则，就可能会不断地刺激市场各方对审判结果的猜测和投机，造成市场动荡，不利于市场的稳定健康发展。

（二）诉讼阻隔机制的建立

交易所的监管行为以自律监管为基础和渊源，以专业性和及时性为特征，证券市场发育成熟的国家和地区大多已建立诉讼阻隔机制，使司法权应尽量少地介入这一领域。就我国证券市场目前情况而言，构建证券交易所自律管理的诉讼阻隔机制可以从三个层次进行。

第一种形式是"明确设置法定复议程序前置或法定仲裁条款"：（1）非经复议不得诉讼：此种立法例以美国最为典型，通过美国《证券交易法》第19条的（d）款和第25条的（a）款得以确立。这两个条款中规定，原告对于证券交易所监管行为有异议的，不能直接向法院提起相关诉讼。而是应该首先向美国证券交易委员会提出复审要求，经过复审程序仍对处理结果不服的，才能向法院提起诉讼，而且要注意的是，此时的起诉对象应是美国证券交易委员会的最终复审裁决，而不是最初证券交易所做出的监管处理决定。也就是说，不经美国证券交易委员会的复议程序，就不能进入法院诉讼程序，复议成为诉讼的法定前置程序。而且进入诉讼的被起诉对象也限于复议的最终裁决。这种制度设计使得有关证券交易所的法律纠纷绝大部分都能在证券业内部得到最终解决，这种有利的法律环境保证了证券交易所的自律监管职能的充分发挥。（2）以仲裁排除诉讼：如前面所分析到的，仲裁因具有程序灵活，审理时限短，费用低廉，快速高效处理纠纷和保密性强等特点，使之成为解决证券交易所法律纠纷的理想选择，《台湾证券交易法》第166条就规定："依本法所为之有价证券交易所生之争议，当事人得依约定进行仲裁。但证券商与证券交易所或证券商相互间，不论当事人间有无订立仲裁协议，均应进行仲裁。"这主要是因为仲裁作为一种主要的诉讼替代机制，在很多方面具有明显优于诉讼的特点。

第二种形式是由证券交易所制定内部规则或是与相对方签订仲裁协议，以此种方式限制或排除诉讼。例如，我国香港联合交易所《交易规则》第717条规定）"交易所参与者不得采取法律行动，包括不得采取任何法律行动要求赔偿其因暂停资格而可能遭受的损失，或因上诉委员会支持或部分支持其上诉请求而要求赔偿其名誉损失。"在本条规定中香港联交所尽管并没有完全排除法院对证券交易所会员监管行为的管辖权，但通过规定交易所参与者不得向法院提起诉讼要求证交所承担赔偿责任，也大大减少了交易所的监管风险。而通过内部规则或协议限制或排除法院介入证券交易所监管法律纠纷的机制目前在我国上海、深圳两个交易所中已经得到了应用，现行两证交所《上市规则》中都规定）"上市公司在上市时与交易所签订的股票上市协议中应该包括解决双方法律纠纷的仲裁条款。"根据仲裁排除诉讼管辖的原则，通过与上市公司签订上市协议这样的形式两个交易所在一定程度上防范了其所面临的诉讼风险。

第三种形式是在证券市场监管体系内部创设和完善一系列权利救济程序，如健全监管处罚程序，建立专门的复核机构组织复核，在证券监管管理委员会内部设立申诉机制。其中，健全监管处罚程序的核心体现在要创设一个关于对证券交易所的监管处罚进行调查、取证、通知、申辩、听证和公正的制度体系，以从源头处保障监管处罚是依法做出的公正行为。若相对方由于处罚有利益损失而不服该决定，则可向交易所内部设置的专门权威复核机构进行复核，若对复核结果依旧不满意，则有权向证券监督管理委员会提起申诉，进入申诉程序以保证自己的权利得到合理的救济。无论如何，这些都是将纠纷尽量在证券业内部进行解决的完善机制，就能在很大程度上避免证券交易所陷入诉讼的风险。

二、完善内部救济渠道

总体上来说，在对域外证券发达国家和地区的立法和司法经验的借鉴的基础上，结合对我国现如今证券市场实情的分析，我国立法和司法界针对证券交易所涉诉案件还是持非常审慎的态度的。从2005年最高院的司法解释中就可以看出，管辖法院仅能在证券交易所所在地，也即我国仅上海和深圳可对证券交易所法律纠纷有管辖权，并且级别管辖仅限定在中级人民法院，这就大大限制了诉讼提起的方便度。另外，其还将投资者并未作为直接利害关系人的诉讼排除在受理范围之外，司法谨慎介入的意图已十分明显。

不过根据权利必须得到救济的基本法律精神，在阻隔了司法进入有关证券交易所监管纠纷的同时，我们必须在证券业内部设置一套有效的且具有可操作性的救济体系。根据我国目前证券市场和证券交易所的发展现状，笔者主张我们应尝试构建以证券交易所内部救济为主，证监会的行政监管和法院的司法审查为辅的市场监管体系，形成对证券交易所自律监管行为相关纠纷进行救济的合理模式："交易所上市审核委员会→交易所上市复核委员会→证监会行政复审→司法审查。"需要重点提到的是，这里的证监会行政复审只能是一种合法性审查，不得进行合理性审查；而司法审查同样也仅能是一种有限审查，即只将交易所的监管行为是否违反法律的实体性和程序性规定纳入审查对象范围，而不能对证券交易所依据法律和内部规则做出的裁决进行司法审查。

那么具体来说，可从以下方面入手。

首先，在证券交易所内部设置独立的复核机构，当事人不服证券交易所做出的纪律处罚等决定时，将该监管措施纳入复核机构的复核范围中去。证券交易所的监管决定一般会涉及相对方的重大利益，则理应给予相对方合理的救济渠道，利用向其内部的复核机构提起复核就是一种很好的方式。国外已有相应的复核机制，其创设途径却有所不同，具体说来有三种："一种是并不专门成立复核机构，而是由上市委员会重新审核；第二种是专门创设独立的复核机构；第三种是针对已进行公司化改造的交易所，将上市审核与复核权交给监管机构设置的专门机构行使。"

近年来，相关法律及交易所的业务规则针对交易所的监管行为所设置的救济途径，已逐步改善，主张应在总结域外发达证券交易所的经验的基础上，完善我国证券交易内部权利救济的组织机构，建立健全处罚和复议程序，这对被监管者的权利救济来说是十分重要的。如《证券法》明确规定）"相关当事人对交易所做出的不予以上市、暂停或终止上市的决定不服的，可向交易所设立的复核机构申请复核。"沪、深交易所的交易规则、会员管理规则规定）"相关当事人就交易所做出的公开谴责、限制交易、取消交易资格、取消会员资格等处分，可向交易所提出复核。"以上海证券交易所为例，作为自律管理的法人，其在中国证监会的直接管理下，秉承"法制、监管、自律、规范"的八字方针，依据法律、法规和自律规则来组织和监督证券交易，履行自律管理职责，目前已形成了对上市公司、会员和市场交易行为进行监管的三大自律监管体系，通过其下设的上市公司部、会员部和市场监察部等部门的合理分工与协调运作，并通过纪律处分委员会和复核委员会，完善了自律监管处罚程序，保障了相关当事人的合法权益。值得一提的是其纪律处分委员会和复核委员会的工作职能分别为）"纪律处分委员会审核本所实施的纪律处分事项；复核委员会则审核不服本所纪律处分等决定所提出的复核申请。"《上海证券交易所会员管理规则》规定）"会员未按本规则第27条规定申请终止会员资格的，本所可以决定取消其会员资格，并书面通知该会员。会员对上述决定有异议的，可自收到通知之日起十五个工作日内向本所申请复核。"

其次，加强证监会对证交所的监管，使市场对在证券业内部就可以解决有关证券的法律纠纷，令被监管人的权利救济树立强有力的信心，以合理阻隔司法审查的过早进入。证券交易所是证券市场上的一类特殊主体，它既是监管者，对会员、上市公司等享有监管权，同时又是被监管者，因其依法受到证监会的行政监管。如果证监会对证券交易所的监管能够得到充分的强化，比如规定当相对方对证券交易所复核机构做出的决定仍旧不服时可向证监会提起复议，由证监会对其受侵害权利进行救济，这样就使得在内部处理好纠纷的可靠程度大大提升，就有更加充分的理由阻却司法审查的介入。

实际上，依据双方协议或内部章程等对会员的违规行为进行处分是交易所原本就具有的权力。这种监管在本质上是一种内部管理行为，因此不能对其提起行政复议或行政诉讼。被管理者若对此处分不服且因处分实际遭受了利益损失，则应通过其他正当途径进行权利救济。如《上海、深圳证券交易所交易规则》第125条就规定："会员对交易所关于警告、限制交易、暂停自营业务或经纪业务、取消会籍等四项处罚决定不服的，可以在接到处罚通知之同起15天内向交易所理事会申请复议。"对于此，还可以借鉴美国的做法做出进一步的完善规定，即对理事会的复议决定不服可以再向国务院证券监督管理机关申诉复核。

三、证券交易所涉讼的立法探索

市场自身的缺陷和失灵已成为共识，证券市场自然也不例外。虚假陈述、内幕交易、操纵市场等民事侵权现象早已屡见不鲜，并日益呈现普遍性，对这些违法违规问题，司法是否应当介入、应如何介入一直是司法界关注的热点。但有效司法介入的前提在于有具体的、可操作性强的和完备的法律法规体系，对此类案件有一定的调查研究、司法经验或诉讼准备。而现实是我国民事侵权方面的立法目前仍是比较薄弱的，可行性的适用标准就更加缺乏。对于此类案件，法院过去很少受理，即使受理也未能进入实体审理阶段。在这种情况下，最高院在2001年下发了《关于暂不受理上市公司民事赔偿的通知》，然而这个《通知》的出台引起了轩然大波，反对的呼声非常高涨，带来的极大的舆论压力。于是最高院又在2002年发出了《关于受理证券市场因虚假陈述引发的民事侵权纠纷案件有关问题的通知》，意在通过向虚假陈述民事侵权纠纷暂时性地敞开大门，以平息过于激烈的争议和声讨。这一《通知》规定是相当宽泛和抽象的，真正适用时还是要依据证券侵权行为的民事责任法律制度体系，而后者仅有的原则性规定甚至是完全未涉及的立法现状使得其实现有些遥远。

随着对证券市场发展的经验教训的日益积累和对司法实践中处理证券交易所法律纠纷合理途径的不断摸索，最高院最终在2005年1月25同出台了当年的一号司法解释，就且仅就证券交易所的涉诉等问题做出了详细规定，这使得之前的法律法规在实践操作中有了细致而具可行性的知道。具体讲来，《关于对与证券交易所监管职能相关的诉讼案件管辖与受理问题的规定》作为首个专门就证券交易所诉讼管辖和受理问题的司法解释，不由得让人眼前一亮。这种创新与突破，实际上也显示了随着我国证券市场的发展，我国立法和司法界对充分积极发挥证券交易所监管职能的越来越清晰和肯定的认识，是顺势而为的结果，同时也将确定的起到保护证券交易所监管、维护市场秩序的重大作用。

（一）《规定》的主要内容

针对我国证券市场发展的具体情况，《规定》对有关证券交易所监管的法律纠纷进入诉讼程序所应注意的问题做出了务实的规定，主要集中在管辖和受理两方面，较以往的立法更为具体和有可操作性。

1. 有关指定管辖

根据《规定》第一条："深沪交易所所在地的中级人民法院是与证券交易所监管职能相关的诉讼案件的管辖法院。"该条本质上是对指定管辖的基本原则的确立。对其的理解，可以分为三个层面：第一，由证券交易所监管行为而引发的诉讼，包括一审的民事诉讼和行政诉讼，其管辖法院的确定依据指定管辖的基本原则，而并非是一般的原告就被告原则；第二，对于证券交易所在诉讼中的地位的认定，应依据案件性质而分别确定，若是因证券交易所依法定或内部章程和业务规则实施监管而引起的诉讼，则其为被告，若是因证券交易所依证监会的授权实施监管行为而引起的诉讼，则其为第三人，这两种情况下都适用指定管辖，但是若证券交易所作为原告，则该诉讼不适用此条规定的指定管辖。第三，最高院所指定的依法可以受理有关证券交易所监管诉讼的法院为沪深证券交易所所在地法院，且级别指定为中级人民法院。

2. 有关受理范围

《规定》第二条是有关法院对证交所涉诉案件的受理范围的规定。具体讲来，其以证交所行使监管职能为依据做出了范围界定。

首先，法定行为可受理，即若监管行为是依据法律、法规或规章而做出的则可受理。包括如《公司法》《证券法》《证券投资基金法》等基本法律，《证券交易所管理办法》《股票发行与交易管理暂行条例》等一系列法律法规，对证券交易所的监管职能做了全面、细致的规定。

其次，授权行为可受理，即若监管行为是依据中国证监会的合法授权做出的则可受理。根据相关法律规定，中国证监会可以将相关监管职权授权证券交易所行使。如《证券法》第43条规定中国证监会可以将其股票上市核准权授予交易所行使，第57条规定中国证监会可以将其决定股票或公司债券暂停或终止上市的权力授予交易所行使等。最后，依据内部章程、业务规则和业务合同规定而做出的监管行为引发的诉讼可受理。证券交易所在行使监管职能时，除依据法律法规和证监会授权外，还可以依据其自身制定的章程、业务规则以及与相关监管对象签订的业务合同（如上市协议等）。

3. 受理范围的排除

在正面明令界定受案范围之外，《规定》还从反面做出了除外规定，排除了投资者作为非直接利益相关者提起的诉讼。一般而言，会员是证券交易所进行监管的直接对象，而其他诸如普通的投资者一般与证券交易所之间是不发生直接的法律关系的。虽然我国在基本法中并没有完全确立会员制为证券交易所的基本组织形式，但在实践中依然是遵循其大致运行规则的。投资者的投资依法必须有券商作为纽带才能与证券交易所之间发生法律关系，这使得理论上投资者与证券交易所之间不会产生经常和普遍性的法律纠纷。然而实践中却不尽然，从证券交易所卷入的多数诉讼来看，原告的主体集中在投资者身上。如当交易所做出终止某上市公司上市的决定后,作为该上市公司股东的投资者认为此决定给其带来了利益损失而起诉证券交易所,也有在投资者起诉证券公司的同时将证券交易所列为共同被告的。通过对这些起诉理由的分析可以看出,实际上,这些情形里的投资者与证券交易所之间均没有直接的法律关系,当事人并不适格。具体说来,前面所提到的第一种情形中只有该上市公司才有权成为合格的原告,而后面的情形中投资者应起诉的也是证券公司,只有在证券公司被判处承担责任后认为最终由证券交易所的过错造成,才能由该证券公司提起对证券交易所的诉讼。

(二)《规定》的重大意义

该《规定》在有关证券交易所监管诉讼的明确方面确是一次重大的突破和创新。它确立了该类案件受理的指定管辖原则,并从证券交易所实施监管的权源角度出发,对法院可受理的案件范围做出了详细的界定,同时规定将无直接法律关系的投资者所提起的诉讼排除在外,对于矫正长期以来法院对有关证券交易所监管案件的受理极不规范的现象起到了十分重要的作用,对于证券交易所有效行使自律监管和证券市场的有序发展都是具有巨大意义的。

第一,有助于证券交易所规范、高效地行使监管职能。积极有效的行使对证券市场的监管既是证券交易所的权利也是其应履行的义务,这对于证券市场的发展是十分重要的。因此各国均在立法和司法中十分注重对证券交易所自律监管权的支持和鼓励,为其行使监管职能创造良好的法律环境。但是我国证券交易所目前的处境令人担忧。近年来出现了不少以交易所为被告或第三人的民事或行政诉讼案件,并呈现出不断增加的趋势。并且在对案件进行深入分析之后就会发现,很多时候证券交易所并没有实施违法违规的行为,产生所谓的纠纷多半在于投资者对于证券交易中一些特殊的规则和方式没有做到真正的理解和掌握,所以这些案件最终多是以证券交易所的胜诉而结案。但是在这个过程中,证券交易所无可避免地要浪费大量的人力物力,并且需要以其他方式来减轻这些案件案情不明朗时市场对及声誉的质疑所带来的影响,使得证券交易所承受了许多不应有的压力。随着《规定》的出台,对证券交易所监管所提起的诉讼被限定在了一定范围之内,这使得证券交易所可以有望摆脱疲于应诉的痛苦局面,解除长久以来的诉累忧虑。可以说,《规定》的出台对证券交易所实施市场监管所依托的法律环境进行了很大程度上的改善,为证券交易所提供了强有力的法律保障,使其能够无后顾之忧的更积极地强化监管力度,更充分的发挥自己的自律监管优势,实施高效监管。

第二,有利于合理疏导诉讼,避免证券交易所担负不必要的诉累而影响监管职能的行使和证券市场发展的大局。《规定》的亮点之一就在于对于有关证券交易所监管职能的诉讼的受理范围中,将与证券交易所无直接法律关系的投资者所提起的诉讼排除在外,这是符合证券交易所监管行为的直接法律对象的下确界定的。证券交易所作为自律组织,一般只与作为会员的证券公司和其证券在交易所上市的发行人之间发生直接的法律关系,与投资者之间则一般并无直接的法律联系，因而投资者就不能直接对交易所提起诉讼。以往的司法实践中对此没有做出准确的分析，致使大量此类的诉讼出现，浪费了司法资源。《规定》的出台终结了这种错误的继续。这并不是对投资者诉讼权利的随意剥夺，因为如果投资者认为自己确实遭受了利益损失，可对与之有直接法律关系的证券公司或证券发行人提起诉讼来进行权利救济。

第三，有利于法官队伍的专业化建设。如前所述，证券市场是具有极强的专业性的市场，普通人包括法官在不接受专门培训的情况下均很难做到对其基础知识和交易规则等能熟悉和把握。由于我国大陆地区只有上海证券交易所和深圳证券交易所这两家，因此在除上海和深圳以外的其他省市的人们对证券市场的认知程度是有限的。相对而言，上海和深圳两地因证券市场发育程度较高，当地法院对证券诉讼案件的审理较为熟悉，有一定的经验可以汲取，有利于对案件的正确和高效审理。另外从级别管辖的角度上来说，由于与证券交易所有关的诉讼一般涉及重大而复杂的利益关系，由中级人民法院管辖则有利于加强法官队伍的专业化建设，打造专家型的证券诉讼法官队伍。

通过以上对《规定》的真意探求，我们能感到最高院的真是态度实质上是倾向于对针对证券交易所自律监管职能的相关诉讼做出一些限制。这表现在：首先是管辖权的集中行使，最高院将对证券交易所监管诉讼案件的管辖权行使主体仅限定在沪深证券交易所所在地的法院，并且在级别管辖上也只能是中级人民法院，这使得全国大部分省市以及沪深所在地的基层法院均不能成为该类案件的可受案法院，对原告提起诉讼而言设置了较大的障碍；其次是明确将与证券交易所无直接法律关系的投资者所提起的针对证交所监管行为的诉讼排除在可受理范围之外，这就使证券交易所面对的潜在原告群大大压缩，即一般仅限于证券交易所会员及其相关人员、证券发行人及其相关人员能够对此案件提起诉讼，因此，即使诉讼会大量兴起，也只是在一个有限的主体范围内了。但是，最高院发布的这一《规定》同时也明确了除一部分涉及交易所自律管理的案件确不应受理外，对其他与交易所监管职能相关的案件可先予受理。应当说，这对于降低证券交易所自律监管的涉诉风险只是一种过渡性措施，建立证交所诉讼阻隔机制才是必然方向。

四、探索非诉讼解决机制

证券交易所的本质在于其自律监管职能，承认这一点，就应该尊重证券交易所对其监管范围内事项的自主决定权，应该在证券业内部创设体现自律意志的对于证券交易所监管法律纠纷的非诉讼解决途径，这是由证券市场的复杂性和变动不居性等特点决定的，实际上也是证交所发展比较成熟的国家的普遍做法。笔者认为我们应在认真分析的基础之上加以借鉴，在证券市场内部建立多层次纠纷解决机制，而尽量避开诉讼这种单一也不尽适合证券市场特点的解决方式。

事实上，各国大都设立了针对交易所的非讼解决机制，或通过设置调解、复议等阻却程序限制诉讼，或规定了强制仲裁程序。例如，美国《证券法》在1975年修改后，规定接受交易所监管的主体不服监管的，须事先经过证券交易所的复核，对复核仍不服的，也只能先要求证券交易委员会进行审查，而不能直接起诉。台湾地区《证券交易法》第166条也规定）"证券商与证券交易所或证券商相互间，不论当事人有无仲裁协议，均应进行仲裁。"这种方式把针对证券交易所最常见的一种争议排除在了法院之外，而且解决纠纷的方式更为快捷和经济，也不会增加证券监督管理机关的负担，相对更具有可行性。具体来讲，可建立以下非诉讼解决机。

（一）调解

证券业协会是我国证券市场监管体系中的另一重要主体。依我国相关法律法规规定，证券交易所必须加入中国证券业协会，成为其特别会员。因证券业协会拥有对会员之间、会员与客户之间的法律纠纷进行调解的法定权力，因此，这实际上就是为作为非诉讼机制的调解进入证券交易所法律纠纷解决渠道提供了间接的支撑。

事实上，直接鼓励在证券案件中适用调解在我国相关立法中也是有据可循的。如最高院曾公布的《关于受理证券市场因虚假陈述引发的民事侵权纠纷案件有关问题的通知》，其中明令强调了在虚假陈述证券案件中，法院必须遵循"着重调解，鼓励和解"的原则。司法解释规定的该条内容虽然是民事诉讼的通行程序和方式，但却突出强调了通过诉讼调解和当事人和解解决讼争的目的。虽然这个司法解释支持了投资者对虚假陈述证券纠纷案件的起诉权，但通过之前的背景分析我们可以看出，该《若干规定》与其前提到的最高院2002年《通知》的出台很大程度上有权宜之计的嫌疑，而且通过进一步分析我们也可以看到，即使立法为证券纠纷进入诉讼途径放开了一条细缝，在司法实践中，法院却依然从务实的态度出发，鼓励当事人和解或在法院主持下达成调解协议。因为这类案件一旦进入诉讼，多半会产生审理时限长、诉讼费用高、判决结果的影响难以预料等后果，这样无论是对当事人还是法院来说都是有负面影响的。而运用调解的办法则可以大大减少这些消极因素，使双方能达到共赢状态。而且在实践中，对证券市场侵权民事赔偿诉讼，不论涉及何种诉讼方式、确定什么样的赔偿范围和标准，都是为找到一个合法合理的途径，以解决可能人数众多的纠纷，和解无疑是一种高效而且便捷的解决之道。实际上，实践中，证券侵权赔偿纠纷通常并不能将诉讼程序进行到底，反而更多的是以当事人和解或法庭调解得到了满意的处理结果。

（二）仲裁

我国历史上也有过通过强制仲裁程序来实现对证券交易所的免讼安排的探索，如国务院《股票发行与交易管理暂行条例》中规定）"证券经营机构之间以及证券经营机构与证券交易场所之间因股票的发行或者交易引起的争议，应当由证券委批准设立或者指定的仲裁机构调解、仲裁。"它实际上和台湾的做法是一样的。

但在1994年制定的《仲裁法》中,这一法律精神并没有得到顺利的承继,相反,《仲裁法》第七十八条规定:"本法施行前制定的有关仲裁的规定与本法的规定相抵触的,以本法为准。"这就导致了先前的证券强制仲裁制度归于无效。而《证券法》虽然在1994年的草案中曾对证券仲裁略有涉及,但在正式出台时仍然不见踪影。证券仲裁制度在中国立法界站稳脚跟要归功于一系列法律法规文件的下发,这包括证券委发布的《关于指定中国国际经济贸易仲裁委员会为证券争议仲裁机构的通知》、证监会发布的《关于证券争议仲裁协议问题的通知》和证监会、国务院法制办联合下发的《关于依法做好证券、期货合同纠纷仲裁工作的通知》以及"证券期货仲裁工作会议"的召开。前两个文件明确规定在解决证券纠纷中推荐适用仲裁方式,而后面的《通知》和相关会议更是进一步系统研究和部署了运用仲裁解决证券期货合同纠纷的工作。《证券法》的修改赋予了证券交易所更多的对上市事项的决定权和市场监管权。随着交易所监管职能的增多和更多的被实际运用,其遭遇的争议将会增加,因此非常有必要通过在章程、业务规则、业务合同中订立格式条款的方式,使仲裁等手段成为双方解决纠纷的优先选择。有学者认为:"应当在立法中确认证交所拥有证券争讼调解权和仲裁权,使证券交易所有权居中对会员企业和上市公司乃至于投资者之间发生的民事纠纷进行调解。鉴于证券争议仲裁是一种成本低廉的争讼解决方式,建议允许证券交易所作为仲裁机构,鼓励上市公司、会员券商及其他证券市场参加者通过证交所章程、上市协议等自治文件方式约定采用仲裁方式和仲裁机构。"仲裁法律制度若能为证交所充分运用,则能够在很大程度上削减其陷入诉讼泥潭的可能性。比如在证交所与相对方就合同进行谈判或协商时,就可将仲裁协议作为合同的必备条款之一。若使针对会员或固定用户,甚至可将仲裁条款直接作为格式合同中的组成部分。另外,即使没有事先的仲裁协议,在纠纷发生后,证交所也应积极争取达成事后仲裁协议。

第六章 证券交易所对上市公司信息披露的监管研究

综观世界主要国家和地区，上市公司已成为这些国家或地区最主要的经济主体，证券市场的重要性也为人们所认识，人们直接将股市称为一国经济的"晴雨表"就是最好的体现。经过市场的几次震荡轮回，我国的资本市场也发生了很大的变化，包括上市公司数量、规模、质量以及在国民经济中所起的作用已不可与往日同语，投资者的数量、结构、投资方式等也发生了很大变化，市场监管部门的监管作用同样也发生了许多变化。

值得我们关注的是，对于上市公司信息披露（以下简称"信息披露"）的监管，并没有随着上述变化而减弱或消除。相反，随着新交易方式如权证、可转债、融资融券、股指期货、转融通、购回式交易等的不断涌现，尤其是做空工具如融资融券、股指期货、转融通等的不断衍生，以及新媒体主要是网络媒体如博客、微博、微信等不断出现导致信息披露传播渠道和方式的不断革新不论是政府还是证券交易所，为了适应新的市场形势，维护公平、公正的证券交易秩序，对于上市公司信息披露的监管越来越重视信息披露监管已经越来越成为对上市公司进行监管的核心。

但是，中国作为新兴加转轨的资本市场，有关上市公司信息披露的相关制度和规则还很不完善，相关的信息披露监管部门还存在监管不力的情况，这导致虚假信息披露、不公平信息披露、内幕交易及利用信息披露操纵市场等信息披露违法违规行为时有发生，如曾经轰动一时的杭萧钢构案、黄光裕案、绿大地案、万福生科案等。同时，上市公司的信息披露问题往往并非仅仅是信息披露问题，其背后与上市公司的公司治理、内部控制、规范运作及风险防范等息息相关。信息披露问题处理不好，对一个公司乃至整个行业都可以产生巨大的影响，曾经发生的白酒行业"塑化剂"事件、医药行业的"地沟油"事件、光大证券"乌龙指"事件等就是很好的例证。因此，在新形势下如何对上市公司的信息披露实施有效监管，将是作为法定信息披露监管机构的交易所不得不认真面对并慎重处理的问题。

第一节　我国证券交易所信息披露监管现状分析

一、监管边界与权限

目前，中国证监会与沪深交易所对于公司信息披露并不存在十分清晰的分工。总体上看，中国证监会对于公司信息披露事务基本是总包总揽，事无巨细，对于任何信息披露都可以进行干预。而沪深交易所由于本身缺乏相应的独立性因而在信息披露监管上也缺乏能动性和独立性，遇到有信息披露的重大事项，往往是上报中国证监会决定，未能根据规则和市场需要及时做出自己的反应，从而影响了监管效率。

具体而言，目前在信息披露的监管分工上，中国证监会不仅负责公司时的初始信息披露监管，而且负责公司挂牌上市后的日常信息披露监管，还负责违规信息披露行为的查处。基本上囊括了从初次信息披露，到挂牌上市持续信息披露，以及退市等信息披露全过程，也包括对信息披露违规的处罚等。

从交易所角度而言，尽管我国《证券法》第条规定了证券交易所为法定的信息披露监管机构，但是缺乏明确交易所信息披露监管权限的法规细则，中国证监会有关信息披露的部门规章更多规定交易所的义务，相反赋予其自己及下属派出机构各种信息披露监管权限。在这种情况下，现实中沪深交易所的监管依据主要只能依据上市协议和股票上市规则所能采取的有效监管措施比较有限，再加上缺乏独立性遇事需请示中国证监会，接受中国证监会的"指导"或者干预，致使其监管权威和效力大打折扣，经常只能是"拍打苍蝇"，而未能"震慑老虎"。

二、信息披露审核方式

在日常实际监管中，沪深交易所对于定期报告确实是实行事前登记、事后审核但对于临时报告，实际上在沪深交易所实行"信息披露直通车"之前实行的都是事前审核。2011年10月24日，深交所开始实施《上市公司信息披露直通车试点业务指引》，对部分上市公司的部分类型公告采用直通车方式进行披露。2013年2月19日，上交所发布了《上市公司信息披露直通车业务指引》并自2013年7月1日起实施，上交所对直通车公告实行事后监管，不进行事前形式审核。据上交所统计，沪市上市公司将有66%以上的信息披露事项可以通过上证直通车进行直通式披露。

三、披露时间

对于定期报告的披露时间，中国证监会颁布的《信息披露管理办法》做了明确规定。

该《办法》第 20 条规定，上市公司年度报告应当在每个会计年度结束之日起 4 个月内，中期报告应当在每个会计年度的上半年结束之日起 2 个月内，季度报告应当在每个会计年度第 3 个月、第 9 个月结束后的 1 个月内编制完成并披露。

第一季度季度报告的披露时间不得早于上一年度年度报告的披露时间；第 25 条规定，上市公司预计经营业绩发生亏损或者发生大幅变动的，应当及时进行业绩预告；第 26 条规定，定期报告披露前出现业绩泄露，或者出现业绩传闻且公司证券及其衍生品种交易出现异常波动的，上市公司应当及时披露本报告期相关财务数据。

关于临时报告的披露时间，该《办法》也做了规定。该《办法》第 30 条规定，发生可能对上市公司证券及其衍生品种交易价格产生较大影响的重大事件，投资者尚未得知时，上市公司应当立即披露，说明事件的起因、目前的状态和可能产生的影响；第 31 条规定，上市公司应当在最先发生的以下任一时点，及时履行重大事件的信息披露义务：①董事会或者监事会就该重大事件形成决议时；②有关各方就该重大事件签署意向书或者协议时；③董事、监事或者高级管理人员知悉该重大事件发生并报告时。

在前款规定的时点之前出现下列情形之一的，上市公司应当及时披露相关事项的现状、可能影响事件进展的风险因素：①该重大事件难以保密；②该重大事件已经泄露或者市场出现传闻；③公司证券及其衍生品种出现异常交易情况；第 32 条规定，上市公司披露重大事件后，已披露的重大事件出现可能对上市公司证券及其衍生品种交易价格产生较大影响的进展或者变化的，应当及时披露进展或者变化情况、可能产生的影响。而且，该《办法》第 71 条第（二）项明确，及时是指自起算日起或者触及披露时点的两个交易日内。

关于上市公司的披露时点，沪深交易所《股票上市规则》的规定基本上与上述《办法》相同。这主要是因为《办法》关于披露的时点等规定系源自沪深交易所《股票上市规则》。

四、披露渠道

信息披露手段是指上市公司进行信息披露的方式和渠道。传统上，上市公司主要通过报刊来进行信息披露。随着信息技术的发展，一些市场建立了专门的上市公司信息披露系统，并利用互联网来披露信息。考察海外主要证券市场，上市公司信息披露的手段主要有三种：一是通过报刊披露；二是使用专门的上市公司信息披露系统；三是通过基于互联网的电子化信息披露系统。这三种方式并不是互相排斥的，而是共同使用，其中通过互联网进行信息披露是海外证券市场上市公司信息披露的发展趋势。

《证券法》第 70 条规定，"依法必须披露的信息，应当在国务院证券监督管理机构指定的媒体发布，同时将其置备于公司住所、证券交易所，供社会公众查阅。"《信披办法》第 6 条规定，"上市公司及其他信息披露义务人依法披露信息，应当将公告文稿和相关备查文件报送证券交易所登记，并在中国证券监督管理委员会指定的媒体发布。"上交所《股票上市规则》第 213 条规定，"上市公司的定期报告和临时报告以及相关信息披露义务人的公告经本所登记后,应当在中国证监会指定的媒体上披露。公司和相关信息披露义务人应当保证在指定媒体上披露的文件与本所登记的内容完全一致,未能按照既定日期或已登记内容披露的,应当立即向本所报告。"第 214 条规定,"上市公司和相关信息披露义务人在其他公共媒体发布的重大信息不得先于指定媒体,不得以新闻发布或者答记者问等其他形式代替信息披露或泄漏未公开重大信息。" 深交所《股票上市规则》第 213 条和第 214 条也做了类似规定。

中国证券监管会以及新闻出版总署专门指定的披露上市公司信息的报纸,通常指七报一刊。它们分别是《中国证券报》《上海证券报》《证券时报》《金融时报》《经济日报》(已将其指定披露权利转给了隶属的《证券日报》)《中国改革报》《中国日报》和《证券市场周刊》。各家上市公司重要信息的首次披露、定期报告和临时报告等,必须在至少一家指定信息披露报刊上刊登。而中国证监会、上海证券交易所和深圳证券交易所以及证券公司等市场参与者披露重大新闻或公布重要举措时,也需要这些财经媒体予以配合报道。中国证监会指定上市公司信息披露网站仅有两家,分别是上海证券交易所的官方网站和深圳证券交易所下属的巨潮资讯网。

五、对信息披露违规的监管措施和纪律处分

从法律责任上,上市公司及相关信息披露义务人因其违规信息披露行为可能承担民事责任、行政责任和刑事责任。这些规定散见于《证券法》《刑法》《民法通则》《侵权行为法》《信披办法》和相关的司法解释之中。

除了法律上规定的民事责任、行政责任和刑事责任,上市公司及相关信息披露义务人因其违规信息披露行为还可能被证券交易所采取相应的监管措施或者实施相应的纪律处分。

(一)监管措施和纪律处分

根据《上海证券交易所股票上市规则》第 17 章 "日常监管和违反本规则的处理" 以及《上海证券交易所公司管理部监管措施和纪律处分工作规程》,上海证券交易所对上市公司及相关信息披露义务采取的惩戒手段包括具有惩戒意义的监管措施和纪律处分:①监管措施有口头警告、监管关注、监管谈话、暂不受理保荐人、证券服务机构及相关人员出具的文件;②纪律处分有通报批评、公开谴责、公开认定不适合提供上市公司董事、监事、高级管理人员、董事会秘书、建议法院更换管理人或者管理人成员。监管措施由上海证券交易所公司管理部根据其《工作规程》规定的程序直接采取,纪律处分则按照《上海证券交易所纪律处分实施细则》的规定,由公司管理部向涉嫌违规的上市公司或相关信息披露义务人发出纪律处分意向书,上市公司或相关信息披露义务人回复后或者在规定期限拒不回复的,公司管理部根据回复和相关证据材料向纪律处分委员会提交纪律处分建议书,并提请纪律处分委员会召开会议对信息披露违反事项进行审核,最后交易所根据纪律

处分委员会的审核意见做出纪律处分决定。《深圳证券交易所股票上市规则》的规定与此基本相同。

（二）交易所惩戒的后果

证券交易所对上市公司的惩戒基本是软性的名誉罚，如公开谴责、通报批评等。因此，惩戒的后果对上市公司而言基本上也是软性的，如影响公司的声誉。当然，也可能因被证券交易所声誉惩戒而影响公司的其他事项，例如影响其再融资资格（中国证监会颁布的《上市公司证券发行管理办法》第6条第（三）项规定，上市公司发行证券的条件之一便是"最近十二个月内未受到过证券交易所的公开谴责"），还有可能被区别对待、分类监管或者冷淡处理。

第二节 我国证券交易所信息披露监管存在问题分析

由于我国证券市场是产生于计划经济向市场经济转型的过程中，政府在证券市场中发挥主导作用，是一个由政府强制性推动变迁的市场，政府把许多计划经济思想和做法建筑在市场肌体之上，而非完全从市场经济和市场化的角度来监管市场，从而必然导致证券监管存在着很多问题，市场运行和市场调控间存在着激烈的冲突。

尽管随着我国资本市场的发展和完善，有不少上市公司的信息披露水平和质量确实得到了提高，但更多的上市公司还存在这样那样的信息披露问题亟待解决。这些问题的产生与存在，与我国证券交易所对上市公司的信息披露监管体制存在的问题是分不开的。如何化解信息披露监管难题，以便有效监督上市公司遵守信息披露的各项规则，一直是证券交易所在监管上市公司中不得不面对的主要问题之一。在提出解决办法之前，我们认为，有必要先对我国证券交易所监管上市公司信息披露存在的一系列问题进行一番剖析，之后才能"对症下药"。

一、监管理念上的问题

监管理念上存在的问题表现为，"以规范上市公司为中心，非以保护投资者合法权益为中心"。我国的证券市场属于新兴市场，又处于转轨时期。在这个时期，很多上市公司存在公司治理水平不高，运作不规范等问题。针对上市公司存在诸多问题，监管机构包括中国证监会和沪深交易所等的监管理念，更主要是在于促进上市公司的规范运作，提高上市公司的治理水平，以此来推动市场发展。这种监管理念背后的逻辑是，因为上市公司存在问题，所以要进行规范，通过规范促进上市公司发展，进而实现保护投资者权益的目的。但是这种监管理念导致的结果却往往是，出台的相关政策或措施，是以上市公司为中心、为出发点，考虑问题更多的是上市公司的问题，相关政策和措施就变相或被动地为上市公司所"绑架"。也许在这过程中，也会说最终目的是为保护投资者的合法权益，但实质性的内容更多的是从上市公司的角度出发，至于最终能否真正实现对投资者利益的保护以及保护程度的高低等则在所不问。这种监管理念也许也看到了投资者权益保护的诸多问题，但其试图通过规范上市公司来解决问题，实践的结果表明，不仅上市公司没有得到真正规范，投资者合法权益更没有真正得到保护。

二、监管权限配置上的问题

1997年8月，沪深证券交易所划归中国证监会直接管理，证券交易所既是中国证监会的监管对象，又是中国证监会的下属机构。同时，如前所述，根据我国《证券法》等有关规定，中国证监会与证券交易所二者之间实际上是管理与被管理的关系，前者是后者的上级主管机构，而且完全控制着后者人事、财务等大权。这种关系使证券交易所在组织市场和管理市场方面丧失了应有的独立性，不利于确立证券交易所对上市公司信息披露监管的权威性和有效性，影响了证券交易所自律性监管功能的充分发挥，也大大限制了交易所在上市公司信息披露监管方面的引导与推动作用。行政监管和自律监管在具体权限配置存在的主要问题是行政监管过多，自律监管不足。

（一）证券行政监管幅度过宽，承载过重

根据《证券法》第179条和经国务院批准的中国证监会"三定方案"第2条，似乎证券市场发生的一切，不管中国证监会能否管得了，都归中国证监会管，如果不管或管得不合当事人的意，就是不履行法定职责，就要承担法律责任。为了避免有不作为的嫌疑，中国证监会只好投入大量的人力、物力和财力处理所有与证券有关甚至无关的各种烦冗事务，从而导致承载过重，力不从心。

（二）证券行政监管目标多重化、全面化却缺乏重点

在中国，监管机构除了履行公共管理职能，规范证券市场，保护公众投资者的权益不受侵害之外，还要承担发展证券市场的职能，以便为国企融资创造环境，让占主导地位的国有资产保值、增值，持续拉动内需、维护政治稳定等等。

（三）行政监管过度，交易所监管不足

首先，证监会监管权的定位不合理，未将规范市场、维护市场秩序即对内幕交易、操纵市场等违法行为的查处定位为其工作的重点，其与证券交易所对证券市场主体直接监管权的重叠行使，不但没有对证券交易所行为产生无形监督压力的积极效果，反而使其陷于本应属于证券交易所监管范围的日常监管，无力及时查处违法行为。

其次，在主体资格上，证券自律组织缺乏独立性，成为证监会的附庸。由于历史原因和特殊的国情，现阶段，我国证券交易所和证券业协会都带有一定的行政色彩，还缺乏应

有的独立性,不是真正意义上的自律组织,通常被看作准政府机构。相应地,证券交易所、证券业协会实行的自律管理,也经常被理解成政府监管的延伸。在我国现行监督体制中,自律管理的作用依然未得到重视,证券交易所和证券协会只起到辅助政府监管的作用,且完全受制于证监会的集中管理。

再次,自律监管缺乏刚性和主动性,力量微薄。在证券监管过程中,政府监管与自律监管始终是融合在一起的,各国证券监管体制变迁过程也就是政府监管与自律管理之间不断协调融合的过程。而我国的实际情况是整个监管体系强化政府监管色彩,证监会事实上承担了包括发行、上市、交易、行业管理在内无所不包的监管责任。而证券交易所、证券业协会缺乏足够的监管权限,地位尴尬。

此外,由于监管力量和监管手段的制约,自律监管通常以比较柔性的道义劝说、质询、谴责等方式进行,监管的刚性和震慑力不足。

(四)行政监管与交易所监管的配合存在脱节与漏洞

交易所虽是一线监管部门,但却没有对上市公司的调查权,导致交易所发现真实性问题的能力较为有限,同时由于交易所的处罚权力有限,只能对违规者公开批评、警告和公开谴责,这些处罚对违法行为的威慑作用实在有限;证监会虽然有广泛的权力,包括调查权和处罚权,但其专业力量相对较为薄弱,而且除了在IPO阶段会直接接触到上市公司的信息披露资料外,在持续披露阶段,证监会不与上市公司的信息披露资料直接接触,同时还缺乏充分有效的接触上市公司的途径,因此在持续信息披露阶段,尽管有两道防线,但由于各自存有不少漏洞,即使前后设防,也不能及时有效地发现问题。

三、监管具体执行上的问题

(一)监管方式上的问题:事前形式审核为主

目前,沪深证券交易所对于上市公司的信息披露主要采取事前形式审核的模式。以上海证券交易所为例,其《股票上市规则》第212条第一、二款规定:"本所根据有关法律、行政法规、部门规章、其他规范性文件、本规则及本所其他规定,对上市公司和相关信息披露义务人的信息披露文件进行形式审核,对其内容的真实性不承担责任。本所对定期报告实行事前登记、事后审核;对临时报告依不同情况实行事前审核或者事前登记、事后审核。"根据该条规定,表面上看交易所似乎主要是采取事前登记、事后审核,但事实上恰恰相反。对于一年四期的定期报告,可以说确实基本上做到了事前登记、事后审核;但对于日常中经常会遇到的数量比定期报告数量多得多的临时公告,虽然规定是"依不同情况实行事实审核或者事前登记、事后审核",但实践中却都是实行事实审核。2011年10月,深交所开始试行上市公司信息披露直通车制度,对最近一个年度信息披露考核中被评定为A类的公司,披露的业务复杂程度相对较低、不需停牌的公告类型实行事前登记、事后审核。因此，目前交易所对信息披露采取的是大部分事前审核、小部分事后审核。

目前交易所对上市公司信息披露采取的审核模式，在实践中带来了一系列问题。

（1）信息披露责任不清，将上市公司的责任与交易所的责任混为一体。

（2）事前审核可能会影响临时报告的及时披露，还容易成为上市公司等信息披露义务人逃避、推卸责任的借口。

（3）事前审核还容易造成投资者对证券交易所审核与判断的依赖性，误以为通过证券交易所事前审核的公告其真实性、准确性、完整性等不会存在问题，同时还可能导致市场各方质疑证券交易所内部人员对股价敏感信息等可能存在"寻租行为"。

（4）事前审核增加证券交易所的监管成本。证券交易所必须为事前审核配备大量的专业人员，只为帮上市公司的信息披露进行把关。

（二）监管公开上的问题：透明度仍存不足

监管公开包括监管规则（标准）的公开、监管过程的公开以及监管结果的公开。在监管规则（标准）公开方面，主要涉及交易所对上市公司信息披露监管相关的各类规范性文件，主要分为交易所信息披露的业务规则、信息披露业务指南、信息披露工作备忘录、信息披露工作通知等。以上交所为例，目前信息披露监管的规范性文件绝大部分已向社会公开，如《股票上市规则》《董事会秘书管理办法》《募集资金管理办法》等，尚有小部分主要涉及上市公司业务操作的工作通知或指南，仅对上市公司公开。

在监管过程公开方面，交易所信息披露监管主要分为临时报告与定期报告监管、重大资产重组预审和纪律处分审核等三项，该三项监管工作均制定有相应的工作流程，并严格按工作流程执行。但目前工作流程尚未对社会公开，只是将相关监管或者审核意见均及时告知相关上市公司。

在监管结果公开方面，交易所对信息披露的监管结果主要体现为纪律处分和监管措施。目前只对公开谴责及公开认定上市公司董、监、高不适合担任相应职务的纪律处分事项向社会公开，对于通报批评的纪律处分事项，仅在其上市公司范围公开，对于监管措施的结果，则只对发送给监管对象而不对外公开。

由此可见，目前信息披露方面的监管规则或者说监管标准绝大部分已通过其官方网站进行了公开，但监管过程、监管结果的透明度仍存在不足。由于监管过程和监管结果在透明度方面存在的不足，一方面，导致外界无从了解交易所对上市公司信息披露监管的作为与不作为，即使交易所对信息披露监管做了很多事，履行了监管职责，但外界在很多情况下并不知晓。实践中，经常有媒体质疑交易所是否履行了对上市公司的信息披露监管职责，这种质疑不排除经常发生在交易所其实已采取了相关监管措施但却不为外界所知的情况下；另一方面，由于交易所采取的监管过程和监管结果很大一部分不对外公开，导致监管的效力和权威被打折扣，不少上市公司对此的重视度也不够，进而影响交易所最终的监管效果。

（三）信息披露渠道上的问题：传统付费报纸，未能实时披露

目前，国内的法定信息披露渠道是中国证监会指定的媒体，主要是四大证券报，且都是纸质媒体。同时，相关公告及上网文件，还需在沪深交易所指定的官方网站上披露。对于上市公司的信息披露而言，纸质媒体的传统披露相对于网络媒体的电子化披露存在几个弊端：一是信息的传递滞后。纸质媒体不能实现信息的即时披露，而是需要第二天才能"见报"。对上市公司信息披露而言，"时间就是金钱"。因此，纸质传媒的披露显然已不能适应对时效性要求极高的上市公司信息披露；二是容易导致内幕交易发生。由于纸质媒体不能实现信息的即时披露，容易导致上市公司的信息尤其股价敏感信息变成内幕信息，由此诱发内幕交易。而且股价敏感信息多一道经手人，就多一份内幕交易的危险；三是纸质传媒披露不仅查阅、保管不便而且不够环保。从查阅上市公司的公告方便角度，纸质传媒显然不如电子网络载体，而且纸质传媒还存在保管等问题，电子网络载体事后查阅等都很方便，不需要特别保管。相对纸质传媒来说，网络电子载体的容量更大、更环保，而且由于网络和通讯的高度发展，通过纸质传媒来查询上市公司公告的人只占少数。因此，每天还让上市公司通过纸质传媒来披露上市公司公告，不仅对上市公司而言要承担一大笔高昂的披露费用，增加披露成本，而且是一种不环保的资源浪费行为。

（四）监管措施和纪律处分上的问题：手段缺乏，力度不够

1. 交易所监管手段相对缺乏

目前，股票上市规则规定交易所能采取的监管措施包括：（1）要求公司及相关信息披露义务人或者其董事（会）、监事（会）、高级管理人员对有关问题做出解释和说明；（2）要求公司聘请相关证券服务机构对所存在的问题进行核查并发表意见；（3）发出各种通知和函件；（4）约定相关人员；（5）暂不受理保荐人、证券服务机构及相关人员出具的文件；（6）向中国证监会报告有关违法违规行为。纪律处分措施包括：（1）通报批评；（2）公开谴责；（3）公开认定监管对象三年以上不适合担任上市公司董事、监事、高级管理人员；（4）建议法院更换管理人或管理人员。实践中，对于上市公司信息披露违规行为，交易所经常使用的监管措施和纪律处分措施主要包括：（1）口头警告；（2）监管关注；（3）通报批评；（4）公开谴责，其他措施尚未得到充分使用，并且缺乏行之有效的监管手段，如境外经常使用的强制学习、违约金、罚款等。与世界上其他主要证券交易所相比，沪深证券交易所的纪律处分种类偏少，尤其是缺少世界上许多交易所都普遍采用的违约金形式。纪律处分措施总的来说可以分为名誉处分、金钱处分和资格处分三大类，一般而言，名誉处分主要是针对违规情节较轻，并且危害后果较小的场合，资格处分主要适用于违规情节较重和危害后果较为严重的场合，金钱处分的适用情形则介于前两者之间。我国交易所缺少了金钱处分这一措施，使得纪律处分措施结构上缺损，层次上缺乏过渡性，极易形成监管死角。

2. 交易所监管的处罚力度不够

根据沪深证券交易所《股票上市规则》第 17 章的规定，对于违反信息披露义务的主体可以采取最严厉的纪律处分是公开谴责和公开认定其不适合担任上市公司董事、监事、高级管理人员。从实践看，除公开认定不适合担任相关职位之外，交易所的其他信息披露监管执法措施主要属于声誉处分，其约束力主要取决于市场声誉对违规主体可能造成的影响，类型较为单一，并不会从根本上影响违规行为人的实际利益，威慑力相对不足，不能通过纪律处分起到杀一儆百的作用。更何况，目前交易所对上市公司信息披露违规的处罚主要采取通报批评或者监管措施的方式，真正被公开谴责或者公开认定不适格的案例数量并不多。由此导致信息披露违规成本不高，很多上市公司敢冒被公开谴责或被公开认定不适任的危险而违规。换言之，证券交易所对上市公司信息披露的违规处分尚未起到有效的惩罚和告诫作用，亟待进一步加强处罚力度。

3. 监管措施和纪律处分的程序有待进一步优化

必要的信披监管执法程序，是执法公正的保障。对于监管措施，目前由交易所的信息披露监管部门（上交所的上市公司监管一部、深交所的公司管理部）的监管人员发起，部门纪律处分小组会议讨论决定后实施。其优点是程序相对简洁，缺点是由部门对违规主体做出监管措施，在法理上依据不足，也不利于对外公开。对于纪律处分，由交易所的信息披露监管部门（上交所的上市公司监管一部、深交所的公司管理部）承担违规线索发现、案件调查、证据采集、案件初步审理和纪律处分函件起草工作，交易所法律部牵头的纪律处分委员会承担对违规行为做出是否予以处分决定的职能。其优点是程序完整规范，基本贯彻了查审分离原则，缺点是程序相对冗长，一件纪律处分的案件需经历 16 个环节。而且，各个环节之间并没有相应的时间限制，导致有时一个案件的处理从启动到最后结案需历经数月，不能趁热打铁，一查到底，这与证券市场的强时效性等基本原则不符，也不利于实现对违规信息披露行为的及时打击和树立纪律处分的高效性、权威性。

此外，沪深证券交易所均未对监管措施和纪律处分措施规定相应的复核或上诉程序，被监管对象如果对不服相应的处分则缺乏救济程序，这显然不符合法治的救济原则。在纪律程序中，没有一个完整的关于调查—投诉—听证—处罚的程序规则，在这种情况下，任何人都会有理由怀疑监管行为的任意性和无限制性这种程序规范的缺乏，使交易所在交易监管中无法发挥应有的监管职能。

第三节　完善我国证券交易所信息披露监管的策略

一、转变监管理念，完善监管规则

（一）转变信息披露监管理念：以保护投资者合法权益为中心

证券交易所对上市公司的信息披露监管理念是，以规范上市公司为中心，而非以保护投资者合法权益为中心。这种监管理念曾在特定历史阶段发挥了良好的作用，但随着资本市场进一步深入发展，这种监管理念已不能适应，而且成为一系列信息披露问题产生的根源之一，不利于保护投资者合法权益。因此，在新的市场情况下，要求证券交易所对上市公司的信息披露监管也必须由以促进上市公司规范运作为目标转向以保护投资者合法权益为目标。

具体而言，对于上市公司的信息披露，证券交易所应当与投资者、市场、媒体站在一边，要与投资者、市场、媒体一起监督上市公司的信息披露，而不应站在上市公司一边，帮上市公司修改、审核公告，不应该替上市公司做信息披露，替上市公司董事会秘书把关信息披露，事实上证券交易所也缺乏判断上市公司公告真实、准确、完整的能力。相反地，应当让上市公司等相关信息披露义务人归位尽责，要让上市公司等相关信息披露义务人依法按规定承担自己应尽的信息披露义务和责任；应当让证券交易所也归位尽责，让证券交易所真正践行监管上市公司信息披露的法定职责，而不是当上市公司信息披露的"婆婆"或"保姆"。当上市公司信息披露出了问题，违反信息披露的真实、准确、完整、及时、公平等基本原则，不符合投资者利益时，证券交易所应该与投资者、市场、媒体一起批评上市公司，并立即按规定采取相应的监管措施或者启动相应的纪律处分。如此，证券交易所在上市公司信息披露的监管中将处于更加主动的地位，监管也将更加有效，更有利于保护投资者合法权益。

（二）制定完善信息披露监管的法律规则

2012年7月7日，沪深交易所对主板和中小板的《股票上市规则》进行了修订。但本次修订的内容只涉及退市制度和例行停牌，对日常的信息披露监管内容因为时间关系则未进行修订。如前所述，目前证券交易所对上市公司信息披露监管还存在诸多的问题，作为证券交易所信息披露监管根本规范依据的《股票上市规则》理应针对这些问题尽早做出规定，以消除这些问题，完善上市公司信息披露制度，提高上市公司透明度，最终实现保护投资者合法权益。

此外，证券交易所还应进一步强化上市公司的信息披露配套制度。在完善修改《股票上市规则》的同时，研究制定一系列与上市公司信息披露相关的业务指南、披露指引、披露备忘录、公告格式等指引类规范性文件，例如《上市公司自愿性信息披露指引》《信息披露监管业务指南》《上市公司临时公告格式指引》《上市公司最佳公司治理指引》《上市公司董事、监事、高级管理人员行为指引》等，从具体操作层面规范、引导上市公司的信息披露行为，这也是防范上市公司信息披露类违法行为的有力制度保障之一。

二、交易所监管与行政监管权限的再配置

根据2012年10月10日国务院发布的《关于第六批取消和调整行政审批项目的决定》（国发〔2012〕52号），在刚刚结束的国务院部门第六批行政审批项目集中清理工作中，证监会共取消和下放32个行政审批项目，占国务院部门清理项目总数的10.2%，数量位居首位。其中取消22项，下放10项，分别占国务院部门取消和下放总数的12.8%和8.5%。同时，经国务院同意，证监会还决定取消3项非许可类行政审批项目。自2001年行政审批制度改革工作全面启动至今，证监会已分六批累计取消136项行政审批项目。这释放出一个很明显的信号，面对我国证券市场改革发展的新形势，减少和下放行政审批、完善和强化自律监管，已成为证监会乃至党中央、国务院深化行政管理体制改革的大方向。在这个过程中，证券交易所作为证券市场的自律监管机构，必将承担更多的监管职能。因此，我们应该以国家关于行政审批体制改革的这个大方向作为指导方针，妥善处理好自律监管与行政监管的关系，重新配置上市公司信息披露的监管权限，从而更好地满足证券市场健康发展的需要，更好地保护投资者的权益。

（一）妥善处理好交易所监管和行政监管的关系

行政监管和自律管理的关系，触及证券监管的体制问题，决定了交易所基本职能的定位。在成熟证券市场，政府和市场、公权与私权的边界相对清晰，交易所和证券行政监管机构的职责范围也有明确的界限。我国证券市场是在政府的主导下建立和发展起来的，行政权力处于绝对强势地位，渗透到市场的每个环节，自律管理与行政监管的边界出现不同程度的混同与交叉。与此相适应，证监会与交易所之间本应的监管与被监管关系，演化为领导与被领导关系，证监会既是交易所的监管者，也是主管者。

因此，提高交易所的法制建设水平，客观上要求进一步优化证监会监管交易所的运行机制和基本程序，合理划分行政监管与自律管理的本来边界，改善自律监管的外部环境与运作机制，避免自律监管成为行政监管的附属与延伸。一方面，我们可以借交易所体制改革的契机，进一步明晰证券交易所与政府证券监管机构的关系，寻求管理机制的制度化、公开化。如，就适时明确基本业务规则制定与修改的审批流程、时限而言，证监会已经有意明确将《上市规则》审批的时限限定15个工作日，这无疑是一个非常好的信号。另一方面，在减少行政审批、加强市场化约束的背景下，对于法律明确规定属于行政权力的监管权的承接，尽量通过公开化的行政授权行使予以承接，并根据自律管理的特点与优势，做出差

异化、有针对性的监管安排；而对于原本即属于市场自律范畴的监管事项，则应遵循自律监管的既有模式予以管理。如此更符合市场化改革的初衷，亦可避免本所背负难以应对的行政诉讼风险。

（二）实现交易所监管与行政监管的有机融合

加入WTO之后，我国经济融入世界经济体系的进程正在加快。我国证券交易所为适应全球经济、金融一体化的发展趋势，其组织与监管职能也必然要发生相应的变化。我们认为，我国证券交易所监管市场职能的未来发展原则，应是在借鉴西方发达国家证券交易所监管市场职能变革的基础上，结合中国转轨经济的现实国情，实现证券交易所的自律监管与政府行政监管的有机融合。当然，国际经济形势、国际证券交易所的发展规律以及我国国内转轨经济的一系列宏观、微观背景，决定了我国证券交易所市场监管职能的转变只能采取渐进之路。我们认为，证券交易所监管职能的模式设计，应从以下两个方面着手进行。

首先，合理分配证券交易所、证监会、证券业协会之间的职权。在证监会与交易所之间，需要修订相关的法律条文，明确规定交易所应负的自律管理职责；同时借鉴国外或我国香港的成功做法，对一些法律法规无法约束的地方，以签订《谅解备忘录》的形式加以规范，以此来协调证监会与交易所之间的关系。此外，明确证券交易所与中国证券业协会之间的分工与协作也非常必要。

其次，完善证券交易所的自律监管，改善政府的行政监管，做到自律监管与政府监管并重，逐步形成多层次的证券监管体系。关于政府的行政监管，则应主要体现在两方面，一是对交易所的自律监管进行监管，防止交易所因追求盈利或股东、会员的集团利益而损害社会公众利益；二是对交易所的自律监管无法覆盖到的领域进行监管。自律监管虽然具有一定的强制性，但是无法从根本上协调证券市场所有的利益冲突，尽管如此，也不能因此让政府的行政监管范围扩张到交易所自律监管的范围。

（三）交易所负责持续信息披露的日常监管

1. 交易所应当承担更多的持续信息披露监管职能

在自律、行政、司法三位一体的监管体系中，自律是最能快速适应创新变化，降低创新成本的监管方式。强化自律监管，也是减少行政干预，释放市场创新活力的前提。如果市场没有形成有效的自律机制，必然引入刚性的行政监管，压缩市场创新的空间。下一步，创新带来的监管压力会更大，自律监管可以动员行业专业资源优势，及时形成对各类创新业务的行业规范并灵活调整，为行政监管的后续跟进赢得时间、积累经验，为行业创新在控制风险的前提下加快探索打开空间。

证券交易所在证券交易监管过程中发挥着日益重要的作用，证券交易所的自律监管，具有低成本、契约性、灵活性、及时性等特点，对交易环境和市场情况更为了解，对市场问题的回应更加及时，制定的措施比外部监管者的措施具有更广泛的市场基础，其自律规则也更容易被监管对象接受，更能经受市场条件变化的考验。因此，它的自律管理更适合法律所不及的范围内的监管，它的特殊作用是任何其他机构不能取代的。同时，就自律监管而言，交易所的一线监管可谓整个证券市场监管的第一道环节，无论交易所是会员制还是股份制，其监管活动都可以被视作为向客户（上市公司、投资者、中介机构等）提供的一种服务，换句话说，交易所监管的效率高低一定程度上决定了这家交易所的市场吸引力，因此其有着内在的激励去维护市场交易的公平性。因此，我们应当顺应我国行政机关减少或调整行政审批项目的大潮，让证券交易所更多的上市公司信息披露监管职能，更好地发挥证券交易所的自律监管功能。

2. 扩大交易所的持续信息披露监管权限

如果说证监会监管内容主要应该集中于制定规章、监管自律组织、查处违法行为方面，那么对上市公司、证券公司和证券交易的日常监管则应由证券交易所负责，监管重心为上市公司信息披露、提高公司治理水平、风险监控和紧急情况处理。未来的发展趋势应该是逐步减少证监会对证券交易所的干预，逐步确立自律监管的优先性，增强证券交易所的独立性，由证券交易所对证券市场实行基础性日常监管，真正实现并强化市场自律，填补政府监管无法触及的领域。凡是证券交易所自律监管可以解决的，优先由其解决，政府逐渐减少对市场过度的干预，还权于市场，从而腾出足够的力量从事违法行为的查处。

证券交易所的对上市公司信息披露的监管权包括：依法对信息披露进行日常监管，监督上市公司和相关信息披露义务人披露信息，向证监会报告日常监管中发现的重大证券违法违规行为；根据证监会授权依法就上市公司股权激励计划进行备案，对信息披露文件进行形式审查，对定期报告实行事前登记、事后审核，对临时报告依不同情况实行事前审查或事前登记、事后审查；可以根据风险程度等标准进行分类监管，及时调整信息披露标准；对上市公司股东交易中持股变动情况进行统计和监督；上市公司股东因持股数量变动而产生信息披露要求的，督促其及时履行披露义务，并立即向证监会报告。

3. 增强交易所在持续信息披露监管中的独立性

在美国，虽然1933年《证券法》要求交易所需向SEC注册，SEC获得了对交易所的监管权，但交易所继续拥有上市规则的制定权和对上市公司的监督权。而且在交易所非互助化后，交易所的监管职能继续得到了保留，并未因非互助化和竞争而消失，而且证券业已经通过广泛自律来避免政府的直接干预，只有在交易所不能有效发挥自律监管作用时，或者交易所的监管不够时，政府直接才会直接进行干预，日常的监管则交由交易所负责。通过这种权限配置，比较好地处理了SEC与交易所在上市公司信息披露监管方面的关系。这种做法具有可供借鉴的地方。我们应当借鉴国外成熟市场合理经验的基础上，并从以下两方面增加交易所监管的独立性。

首先，尊重证券交易所的自律监管，承认自律监管权存在的客观必要性，并尊重自律组织行使自律监管权，除非自律组织的行为违法或损害了社会公共利益，否则中国证监会不得对其任意干预。虽然证券交易所目前的事实地位为公权力机构，不可否认自律监管权客观存在并十分必要，未来的发展趋势应该是逐步减少证监会对其干预，增强其独立性，真正实现并强化市场自律，填补政府监管无法触及的领域。

其次，实行自律监管的优先原则。要坚持市场优先和社会自治原则，尊重证券市场自身的运行规律，尊重证券市场参与者的市场主体地位。凡是市场机制能够自我调节、市场主体能够自主决策、社会组织能够自律管理的事项，都要取消行政审批。要通过弱化行政约束，强化资本约束、市场约束和诚信约束，进一步激发市场的潜力和活力。例如，中国证监会新近取消对于要约收购义务豁免的若干情形和上市公司回购股份核准等9个行政审批项目，由市场主体自行决定并履行必要的信息披露义务，无须向证监会报备。

三、转变信息披露审核模式

伴随着监管理念的转变，证券交易所对于信息披露监管的审核方式也应当相应转变。现在实行的事实审核为主、事后审核为辅的监管模式，是以合理怀疑为基本理念，以事前审核为基本手段，作为"三点一线"防控体系的一员，证券交易所企图通过采取"人盯人战术"（将监管人力资源与公司直接挂钩），把信息披露可能产生的风险，提前防控。这一套模式，在我国资本市场发展的早期有其合理性和必要性。但是，随着资本市场的发展，这种监管方式已经难以适应证券交易所面临着新的监管形势，到了不得不转变的时候。

证券交易所对信息披露的监管模式必须由事前审核为主、事后审核为辅转变为以事后监管为主、事前审核为辅，原因在于：①归位尽责，厘清信息披露责任的需要；②适应公告数量不断增加，而监管资源有限的客观实际；③实现信息披露监管为保护投资者与对市场负责的需要；④适应技术飞速发展，信息快速传递的需要；⑤事前审核监管效率不高，时间比较长；⑥事前审核导致监管资源配置不均。

信息披露审核模式实现由事前审核转变为事后监管之后，从上市公司角度而言，上市公司作为信息披露义务人，将完全自主地控制其信息披露流程，可以强化上市公司作为信息披露义务人的主体地位，可以促进上市公司市场化运作理念，发挥其信息披露的自主性和自觉性；从交易所角度而言，则大幅减少事前形式审核后，可以集中并整合现有监管资源，将工作重点转向对违规行为的事后监管，做到快速反应提高监管效率；从投资者角度而言，实施信息披露电子化及直通车和事后监管，可以更好地满足快捷性和及时性的要求，投资者获取上市公司信息的时间将较以往有明显的提前，并为最终实现实时披露创造了条件，从而提升资本市场整体运行效率。

实行事后监管为主、事前审核为辅的信息监管模式后，证券交易所必须界定好事后审核和事前审核的公告类别范围，这是一项基础性工作。原则上，上市公司日常的公告应该都属于可以事后审核的公告，在信息披露时，只需在证券交易所的信息披露平台上进行登记之后，即可向外发布信息，证券交易所将不再进行事前审核，而是等待上市公司披露之后，再进行事后审核和监管；只有那些复杂的、实行事后审核和监管容易导致重大差错的公告，如涉及上市公司股本变动的公告、重大资产重组公告、停复牌公告、涉及收购的权益变动公告等，需事前经由证券交易所审核后才能提交对外披露，这部分公告类别的数量应该只是小比例。

实施事后审核监管模式，需要有相关的配套措施加以保障。例如，新的监管模式下，原则上必然要求日常的公告都实施事后审核，即由上市公司直接披露，只有少部分复杂的公告需要证券交易所进行事前审核。因此，这就要求证券交易所对上市公司的信息披露公告类别时行详细的分类，明确区分哪些公告类别是上市公司可以直接对外披露，哪些公告类别是需要证券交易所事前审核，并将这些类别对外公开。据此，实行事后监管为主、事前审核为辅的信息监管模式需要证券交易所进一步实施监管公开。同时，实行事后审核，还需要加强对违规信息披露行为的监管，进一步丰富和完善监管手段，实行监管公开和差异化信息披露。

四、加强监管公开力度，提升监管透明度

关于监管公开，历来都是资本市场监管的一条基本原则，证券交易所对上市公司的信息披露监管工作也不例外。监管公开既有利于市场主体及时了解监管动态和政策导向，也有利于监管机构统一监管标准，提高监管公信力，树立监管权威。目前我国证券交易所信息披露监管的公开度、透明度还存在着不足之处，针对这些不足，要求证券交易所必须进一步加大监管公开力度，以适应信息披露监管理念和审核模式的转变。具体而言，从信息披露监管工作内容来看，证券交易所应从监管标准公开、监管过程公开以及监管结果公开等三个方面来提高监管透明度。

（一）监管标准公开

监管标准公开主要是指公开各类监管规则，对于证券交易所开展信息披露监管工作具有重要意义。首先，方便投资者、上市公司等市场参与主体查找使用，使包括上市公司等相关信息披露义务人市场各方在充分知晓信息披露的规则和违规信息披露后果后，更好地遵守相关规定；其次，将监管规则公开后，可以形成一种警示，也便于市场各方对上市公司等相关信息披露义务人是否遵守信息披露规则进行监督；第三，还能使各类监管规则置于市场的检验，不时进行合理、必要的修订与完善；此外，全面公开上市公司信息披露监管的标准，还有助于规范和约束证券交易所的信息披露监管行为，提升信息披露监管公开化、法制化水平。

监管标准公开，要求证券交易所对信息披露的监管规则进行合理分类，统一公开。证券交易所关于信息披露监管的规则，除了作为基本业务规则的《股票上市规则》外，还有许多其他规范性文件，包括各类信息披露业务规则、业务指引、业务指南、信息披露备忘录、公告格式指引以及信息披露工作通知等。这些规范性文件也是上市公司进行信息披露的依据，对于规范上市公司信息披露的实践操作具有重要的指引意义。此前，沪深交易所

的这些规范性文件散见于各处，不方便上市公司和投资者使用，而且有不少文件可能仅在交易所内部使用，或仅对上市公司开放，不对社会公众公开，不利于市场各方对上市公司和证券交易所进行监督。因此，需要证券交易所对各类信息披露监管的规范性文件进行合理分类，统一公开。除了公开信息披露的相关业务指南外，证券交易所还应当公开其对信息披露监管的相关工作流程、监管审核关注要点，以进一步接受社会监督。

（二）监管过程公开

监管过程公开包括监管流程、监管程序等的公开。目前，沪深证券交易所已将纪律处分委员会、上市委员会、复核委员会的监管运作程序，以业务规则的形式予以公开。但对于具体的监管业务过程公开，如临时报告与定期报告的监管过程、重大资产重组的预审过程和监管措施与纪律处分的审核过程等因涉及具体事项较多，而且可能也需要相关技术平台的支持才能实现，因此实现全部公开可能还有一定的难度。在目前的情况下，如果监管过程还不能完全公开，至少应公开相应信息披露业务的工作流程，而且在制定或修改对上市公司信息披露有重大影响的工作流程时，应通过有效方式听取市场各方意见，并予以分析，做出回应。待以后技术平台可以实现监管过程公开后，还应全面公开监管过程，以接受社会监督。此外，证券交易所还可以通过公开监管经验和实践做法，如编制信息披露监管手册、典型监管案例等，让社会公众了解其所履行的信息披露监管职责。

（三）监管结果公开

监管结果公开主要是指监管措施、纪律处分结果的公开。我们认为，目前证券交易所对于监管结果的公开力度还不够，沪深证券交易所应该在对公开谴责和公开认定不适合担任相应职务向社会公开的基础上，进一步将采取通报批评的纪律处分以及监管措施也一并向社会公开，让违规的上市公司等相关信息披露义务人充分接受社会监督，这也是全面保障投资者、市场、媒体等的知情权的需要。同时，证券交易所还可以组织监管人员，编写相关的典型监管案例，总结上市公司信息披露违规的原因、教训，一方面可以警示后面的上市公司，另一方面也可以完善信息披露监管的相关规则，防范上市公司再犯同样的错误。

五、完善披露渠道，实行披露全程电子化

原先在各国要求上市公司进行信息披露时，信息的披露仍是以实物文件为主，大部分的投资者也是通过纸质报刊来获得市场信息。随着互联网的迅速发展，加上计算机、移动上网设备以及上网资费的下降，互联网已逐渐成为信息发布的主要途径，在信息的发布和市场透明度方面纷纷使用网络这种较具成本和效益优势的方式，很多成熟市场也随之逐渐取消纸质报刊的付费披露，转而采取通过证券交易所的官方网站进行披露，以实现信息的即时披露。例如，香港交易所于2007年6月25日开始分阶段实施其"披露易"计划，即"公告登载无纸化，直通式网上信息披露及取消刊发付费公告规定"。根据该计划，将取消通

过纸质报刊披露的强制性规定，并将香港交易所网站作为"公众人士浏览交易所发行人按《上市规则》所规定的责任而披露信息的中央渠道"，其主板上市公司只要在香港交易所网站及其自身网站披露公告，而是否在报章刊登公告则由上市公司自行选择。目前，在全球市场上，除香港外，美国市场也早已实施了电子化披露。但在欧洲一些地区，尽管网络已较为普及，考虑到投资者习惯很难改变，这些市场也仍然保留了平面媒体披露的方式。

目前我国的法定信息披露渠道是以四大证券报为主的纸质媒体，存在着一系列的弊端。因此，我们完全可以借鉴成熟市场的相关做法，完善法定信息披露渠道，实现信息披露的全程电子化（无纸化），进而实现信息的即时披露，提高信息披露的效率和及时性，适应信息披露事后监管模式的需要。具体包括以下几点。

（一）取消付费纸质报刊披露的强制性规定

目前《信披露办法》和沪深交易所的主板、中小板的《股票上市规则》均规定，上市公司的定期报告和临时公告以及相关信息披露义务人的公告经交易所登记记，应当在中国证监会指定的媒体上披露。中国证监会明确指定的披露媒体，并不包括沪深交易所的官方网站。换言之，上市公司只能选择在上述四大纸质证券报进行披露。深交所创业板的《股票上市规则》则已突破此项规定，该《股票上市规则》第2.13条规定，"上市公司定期报告和临时报告经本所登记后应当在中国证监会指定网站和公司网站上披露。定期报告摘要还应当在中国证监会指定报刊上披露。"根据该条规定，深交所创业板的上市公司除了定期报告摘要以外，其他的信息披露都只需在中国证监会指定网站即"巨潮资讯网"和公司网站上披露，无须在指定报刊披露。这是一个很好的进步，但是我们认为还不够彻底，因为定期报告摘要还必须通过指定报刊披露，而且对主板和中小板的上市公司还不适用。因此，我们建议中国证监会和沪深交易所应当进一步明确完全取消上市公司必须通过纸质媒体进行信息披露的强制性规定，并且明确主板、中小板和创业板的所有上市公司都适用。在明确取消的前提下，可以设定一定的过渡期，以让市场各方有接受和适应的过程。

（二）将交易所官方网站作为法定披露渠道

在取消纸质媒体披露的强制性规定的同时，应当指定相关网站作为法定信息披露渠道。借鉴香港的做法，可以将沪深证券交易所的官方网站（或指定网站）作为今后的法定信息披露渠道。因为交易所本身就是上市公司信息披露的监管机构，而且此前的公告都已要求通过交易所网站（或指定网站）披露，其可以向投资者提供完备的信息。同时，也要求上市公司要建立自己的公司网站，将公告也一并在公司网站上披露。当然，纸质媒体仍可作为披露载体供上市公司自愿选择。

（三）实行公告提交与披露的全程电子化

随着互联网和信息传播技术的发展，主要交易所越来越重视网上信息披露，越来越多的交易所都实现了信息披露的全程电子化，仅要求上市公司通过交易所信息披露系统或网站披露信息，而无须通过纸质媒体披露，而且通过网上信息披露可以方便地保留一份最完整的公告以供市场各方查询使用。此前，沪深交易所采取的"传真加电子邮件"为主公告提交方式，不仅效率低（耗时）、不环保，而且不安全。在实行事后审核为主、事前审核为辅的信息披露监管模式，以及取消纸质报刊披露并将交易所网站（或指定网站）作为法定信息披露渠道后，必然要求实施信息披露全程电子化。而目前国内的网络普及率和网络传输速度等，已经完全足以支持实施高效、安全的公告提交和披露的全程电子化，即信息披露全程电子化。

（四）加强网络信息系统建设，保障披露安全

实行信息披露全程电子化后，将会带来纸质媒体披露所没有的电子安全问题，包括作为法定披露渠道的交易所官方网站（或指定网站）的安全、电子化信息披露平台的安全、上市公司电子化提交的安全等。最近，香港交易所的"披露易"就因发生上市公司公告张冠李戴的"乌龙"事件，而备受安全性、可靠性等质疑。这就要求证券交易所要加强网络信息系统建设，一方面其官方网站（或指定网站）要做到人性化，方便投资者、上市公司和社会公众等快速查阅使用，信息披露平台要方便上市公司信息披露人员操作使用；另一方面要采取确实有效的安全防范措施和突发事件紧急处置方案，确保信息披露全程电子化的安全可靠。

六、实行差异化信息披露

（一）完善信息披露内容，提高披露的有效性

虽然中国资本市场已经发展了 20 多年，一些公司信息披露模糊化却仍然非常严重，信息披露的供求矛盾仍非常突出。在实践过程中，不少上市公司为了使其信息披露在形式上符合真实性、准确性和完整性三项基本原则的要求，一方面，把信息披露的内容写得极其复杂，篇幅很长，把简单的问题复杂化，并且大量使用各种行业里的专业性语言，让普通投资者根本看不懂；另一方面，又存在把信息披露的内容写得过于简单，避重就轻，包含的信息太少，把复杂的问题简单化，投资者根本无法从上市公司的公告了解其真正的生产经营状况。换言之，上市公司披露的内容不是投资者等市场主体想要的，投资者等市场主体想要的内容上市公司遮遮掩掩不披露，二者之间的供求矛盾不时显现，这实质上反映的是信息披露的有效性问题。

为了解决上述问题，必须切实完善信息披露内容，提高信息披露的有效性。从证券交易所的角度而言，一方面，可以借鉴美国的"简明英语"规则（Plain English Rule），要求上市公司等相关信息披露义务人在制作公告时，要遵循"简明汉语"规则，使用投资者喜闻乐见、通俗易懂、简练的语言，具体包括"短句子，肯定、具体的日常用语，主动语态，尽量使用图表方式说明复杂的内容，不使用法律术语或者高度技术化的商业语言，不

使用多重否定句";另一方面,可以借鉴美国的 FD 规则(Regulation Fair Disclosure),禁止上市公司等相关信息披露义务人进行选择性披露,禁止在信息披露上选择对象进行披露。同时,我们还应该进一步要求披露内容也不能进行选择,该披露的信息必须完整地、不打折扣地披露;此外,对于信息披露的形式,还可以要求使用"摘要+全文"的形式进行披露,实行简化版和详细版,以方便不同类型的投资者使用,获得各自所需的信息。例如,对于年度报告的摘要可以进一步简化,把投资者最关心的主要财务信息、业绩变动以及重大事项披露出来就可以,全文则尽可能详细披露报告期上市公司发生的各类事件,全面反映上市公司在报告期的生产经营情况。

(二)尝试分类监管,实行差异化信息披露

从信息披露而言,并不存在一种适合于所有上市公司的信息披露方式或系统,因为每家上市公司的具体情况不同,规模不同,所处的行业也不同,即使是同一家上市公司在不同的发展阶段情况也不同,不同的公司管理层也会导致信息披露情况出现重大差异。因此这就要求证券交易所结合上市公司所处的特定行业、公司规模、公司发展阶段、公司管理层以及公司的诚信记录等实际情况,从制度上尝试分类监管,实施差异化的信息披露,加强对重点风险公司的重点监管。具体的分类监管,差异化的信息披露,可以从以下几方面进行:首先,可以根据上市公司的信息披露质量好坏情况进行分类监管。其次,可以根据上市公司所在的板块进行分类监管。对主板、中小板和创业板的上市公司根据其不同特点实行不同的信息披露监管模式。第三,可以根据上市公司所处的行业进行分类监管。第四,可以根据风险公司的具体情况加强重点监管。

此外,证券交易所采取事后监管模式及分行业监管以后,要充分发挥其作为市场组织者的组织作用,组织市场上的证券行业分析师、基金经理、财经媒体等市场机构对上市公司的定期报告、重大资产重组报告、证券发行方案等重大事项的信息披露进行专业分析、解读,引导市场力量对上市公司的信息披露进行专业性监督,以促使上市公司更好地履行信息披露义务,提高透明度,从而从根本上保护投资者合法权益。

七、进一步完善信息披露执法措施

信息披露的执法措施包括对上市公司等相关信息披露义务人以及辅助信息披露义务人的监管措施和纪律处分措施。对上市公司及相关信息披露义务人的违规行为采取相应的执法措施,是证券交易所日常信息披露监管职能中的一项重要工作,已形成相对完整、规范的业务流程和业务标准。例如,沪深证券交易所分别专门制定了《上海证券交易所纪律处分实施细则》和《深圳证券交易所纪律处分程序细则》,并根据细则的规定分别成立了各自的纪律处分委员会,负责对纪律处分事项的审核,实行"查审分离"。但是,随着我国资本市场的发展,市场环境和法治环境都发生了变化,证券交易所对于信息披露的监管措施和纪律处分工作暴露出了一定程度的不足和局限性。如何转变监管理念,加强监管创新,

进一步适应信息披露监管方式由事前审核向事后监管的转变，提高监管措施和纪律处分的有效性、及时性和针对性，已成为一项重要而紧迫的任务。针对目前信息披露监管措施和纪律处分的不足，结合新形势下监管工作的需要，可以从以下几个方面完善信息披露监管措施和纪律处分。

（一）丰富监管手段和纪律处分措施

合理恰当的信息披露监管措施和纪律处分，应当具有一定的层次，同时对市场具有相应的威慑力。如前所述，目前证券交易所可以采取的监管措施主要有口头警告、监管关注和监管谈话三种，纪律处分主要有通报批评、公开谴责和公开认定不适合担任相关职位。从实践看，除公开认定不适合担任相关职位之外，其他的监管措施和纪律处分主要属于声誉处分，其约束力主要取决于市场声誉对违规主体可能造成的影响，类型较为单一，处罚手段不够，威慑力相对不足，且证券交易所的处罚措施未能与上市公司的实质利益紧密联系起来。借鉴有关海外市场的经验，建议增大证券交易所在处罚上市公司违规方面的权限，上市公司违规情节严重的，或不接受交易所处罚措施的，可暂停其上市证券交易、变更交易方式或取消其上市证券交易资格。同时进一步完善处罚手段体系，使各处罚手段之间具有内在逻辑联系，逐层递进，从而提高交易所对上市公司违规的威慑力，充分发挥其一线监管的重要作用。

与此同时，与行政监管不同，自律监管的措施和手段可以相对灵活和快速些，除了不能对公司股东权利、公司经营权限等事项实施限制外，证券交易所对上市公司信息披露的监管可以通过增加市场化的限制措施，借力市场约束力提高信息披露监管的威慑力。例如，将信息披露重大违规列为可被实施风险警示（*ST 或 ST）的情形之一；增加"强制学习或培训"的监管措施，要求违规的上市公司董事、监事、高管、实际控制人等进行参加一定课时的学习或培训，使其知悉相关证券法律法规和信息披露规则，提高守法意识和职业操守；增加"公开致歉"的监管措施，要求违规的上市公司公开召开针对违规事项的说明会，相关责任人在会上向投资者公开致歉，并接受投资者的质问，让违规者公开接受监督，增加违规者违规的压力；增加"违约金"的纪律处分，上市公司及其董事、监事、高管在上市协议中都明确承诺遵守上市规则等信息披露规则，如果违规了相当于违约，理应承担相应的违约责任，缴纳一定的数额"违约金"，这不仅可以从经济利益上处分违规对象，还可以填补证券交易所财产处罚措施的空白。当然，违规对象缴纳的"违约金"可以通过一定的形式纳入证券投资者保护基金的来源。此外，还可以借鉴海外关于信息披露监管措施和纪律处分类型的有关规定。

（二）加大对信息披露违规行为的惩戒力度

目前我国证券交易所对上市公司违规的处罚尚未起到有效的惩罚和告诫作用，亟待进一步加强处罚力度。具体而言，除了上述增加监管措施和纪律处分类型以外，还可以从以下方面加大对违规信息披露行为的惩戒力度：首先，加大监管的公开和宣传力度，使现有声誉罚真正发挥作用，将违规者的违规行为置于社会公众的监督之下，同时提高监管公信力，树立监管权威；其次，加强停牌和实施风险警示（*ST 或 ST）等交易限制措施在处分违规信息披露行为中的运用，通过这些交易限制措施让市场各方对违规者形成倒逼机制；第三，明确各项监管措施和纪律处分措施的处罚标准，总结各类典型的违规行为类型，同时向社会公开，并严格按标准执行；第四，充分使用现有的各项监管措施和纪律处分措施，尤其是约束力较大的公开谴责和公开认定不适合担任相关职务的措施。

（三）完善监管措施和纪律处分措施的实施程序

程序正义是实体正义的保证。程序既要做到公正透明，也要简洁高效。目前，沪深证券交易所虽然分别通过制定和实施《上海证券交易所纪律处分实施细则》和《深圳证券交易所纪律处分程序细则》使纪律处分的规范化水平上有所提升，也在简化程序方面做了不少努力，但仍存在程序不够简洁，处理不够及时等不足，尤其对于信息披露的监管措施和纪律处分程序有必要进一步予以改进和优化。针对程序上存在的问题，可以从以下几方面进行完善，进一步提高监管措施和纪律处分的专业化、法治化。

1. 增加被监管对象要求举行听证的权利

纵观国外各主要证券交易所如纽约证券交易所、澳大利亚交易所以及香港交易所等均在相关纪律处分规则中规定被监管对象在符合规定情况下有权要求纪律处分仲裁机构组织听证。一般对于交易所内提出指控的部门和被指控人达成协议（就所指控的事实及建议的处分事宜达成的协议）的案件，由纪律仲裁机构根据当事人双方达成的协议直接做出仲裁决定而无须举行听证（纽交所仍然举行听证），对于没有达成协议的案件则一般都要举行听证。因此，建议借鉴海外相关规定，修订沪深交易所的相关纪律处分细则，明确规定被监管对象对交易所的纪律处分意向提出异议的，被监管对象可以要求纪律处分委员会举行听证，为上市公司等被监管对象提供一个充分发表意见、进行解释并为自身辩护的途径，也使证券交易所的处罚更具权威性。同时，应明确听证的具体程序，并规定被监管对象不因要求举行听证或申辩而被加重处分。

2. 建立健全监管对象的复核（上诉）机制

建立健全被监管对象的复核（上诉）机制，规定被监管对象可以就纪律处分决定向复核（上诉）委员会申请复核（上诉）。不论是《上海证券交易所纪律处分实施细则》还是《深圳证券交易所纪律处分程序细则》都规定，被监管对象可以根据相关业务规则的规定分别向上海证券交易所设立的复核委员会和深圳证券交易所设立的上诉委员会申请复核和上诉。但是，遗憾的是，规定监管措施和纪律处分措施的业务规则——沪深证券交易所的《股票上市规则》均未将被监管对象因信息披露违规被采取监管措施和纪律处分措施列为可以向交易所设立的复核（或上诉）委员会申请复核（或上诉）的事项，这显然是一个制度上的漏洞。因此，建议修订沪深证券交易所的《股票上市规则》，明确被监管对象因信息披露违规被实施纪律处分可以申请复核（上诉）的权利。

3. 改革纪律处分委员会委员的构成，增强其代表性和独立性

根据沪深证券交易所相关纪律处分的实施细则，纪律处分委员会的人员构成和产生机制缺乏代表性，不能体现出对利益相关方的利益之关注，尤其是深圳证券交易所，其纪律处分委员会的委员全部为交易所的内部工作人员。交易所作为一个自律组织，纪律处分权主要来源于交易所会员及上市公司等有关机构和自然人权利的让渡，因此，在对相关人员进行处分时，不但要考虑到组织本身的公益（如建立一个公平、透明且管理有效率的市场以吸引投资者进入市场交易从而最终有利于全体权利让渡人），而且也要考虑权利让渡人自身及所代表的利益方的利益。可以说，如果不全面倾听各利益方的意见，就无法成就真正的公益。而国外主要证券交易所也无不关注纪律处分机构人员的代表性，如纽约证券交易所就纪律处分事项组成的每一听证小组的人员将包括被裁决人同行业的人，澳大利亚证券交易所的纪律裁决庭由相关行业的专家构成。因此，建议沪深纪律处分委员会的委员不但应包括交易所内部相关部门的工作人员代表，还应进一步多元化，包括相关行业专家、各利益方的代表，如投资者利益代表、上市公司行业代表、证券服务机构代表等，而且在每次的纪律处分审核会上至少有一名委员是被监管对象的行业代表。

4. 提高处分效率，明确监管措施和纪律处分各环节的具体流转时限

目前，沪深证券交易所有关监管措施和纪律处分措施的规定中，并没有一个明确、完整的关于调查、审核、采取措施或处分等各个环节的流转时限，以及完成采取措施和处分的期限限制。这种缺乏时间限制的处分程序，容易滋生人为操纵和暗箱操作，导致有些案件可能被"从重从快"、有些案件却被"久拖不决"。因此，建议在两所的相关纪委处分细则等规定中明确采取监管措施或实施纪律处分各环节的具体流转时限，并规定案件从调查到结案的最长期限，以及延长期限应履行的相应批准程序。

（四）建立健全上市公司信息披露监管的综合协调体系

上市公司的信息披露监管是一项综合性的系统工程，单靠证券交易所一方显然"心有余而力不足"。因此，应该建立健全上市公司信息披露监管的综合协调体系。

首先，应当合理配置行政监管和自律监管的权限，行政监管要支持自律监管，信任自律监管，在证券监管系统内部要达成统一。其次，自律监管要与司法有限介入相结合，取得司法解释等的支持，发挥司法介入的威慑作用。第三，发挥证券服务机构如保荐人、会计师、律师、评估师等在信息披露监管中的作用。第四，还要充分发挥民间力量、社会力量帮助证券交易所对上市公司信息披露实施有效的监管。最后，要加强国际监管交流与合作。要与境外的信息披露监管机构、自律组织建立起长效的沟通、交流机制，实现信息共享，针对性地建立起对多地上市公司的信息披露协同监管机制，加强境内外上市事务的协调。同时，证券交易所还要通过加强国际交流，了解国际上最新的上市公司信息披露监管动态，学习并借鉴国际先进的监管经验，并积极参与信息披露标准、国际会计准则、公司治理基本原则等的制定与修订，共同迎接因网络技术、信息技术的快速发展对传统的信息披露监管带来的冲击和挑战。

综上所述，如何实现证券交易所对上市公司信息披露的有效监管，这是一个"道高一尺，魔高一丈"的永恒话题。应该清醒地认识到，建立并完善我国证券交易所对上市公司的信息披露监管体系，将是一项长期的任务，而非一朝一夕之事，更不可能一蹴而就。相反，这将是渐进甚至是螺旋式上升的过程，不排除在特别时期、特定情况下出现倒退。因此，随着我国证券市场改革的深入和市场环境的变化，沪深证券交易所应该进一步总结对上市公司信息披露监管实践中的经验和问题，吸取教训，不断探索，进而不断改革和完善对上市公司的信息披露监管制度，以不断规范上市公司的信息披露行为，推动上市公司不断提高信息披露质量，提升公司治理水平，从而提高上市公司的总体质量，保护投资者合法权益，促进资本市场健康、有序、稳定发展。

第七章　国际化趋势下证券交易所监管策略研究

证券市场国际化是生产国际化和资本国际化发展的必然结果。第二次世界大战之后，主要西方国家的经济迅速恢复和发展，国民收入和国内储蓄不断增大，资本积累和科学技术持续进步，新兴工业加快崛起，这些都有力地推动了证券市场国际化的进程。为了在国际竞争中占得先机，世界各主要证券市场纷纷利用最新科技手段，简化证券发行手续和改善上市管理环境，降低交易成本，完善投资风险管理系统，改革结算交易程序，以此来吸引外国公司和政府发行股票与债券，并吸引外国投资者。

经过二十多年的努力，中国的证券市场在筹资、投资、证券商及其业务以及证券市场制度的国际化等方面都有了很大程度的发展。虽然我国证券市场市值规模已跻身世界前列，但中国股市目前还须加快市场化改革和对外开放的步伐。我国证券市场国际化，是资本市场改革开放的必然趋势，其战略意义，已经不言而喻。如何抓住机遇，利用国际国内的有利条件，推进我国证券市场国际化已成为一个亟待解决的课题。

随着本土市场的逐步开放，境外的投资者会进入本土市场，市场品种日益多样，投资者构成日益多元化，与国际证券市场的联动性日益显著，市场处于前所未有的大变革时期。伴随着全球金融一体化和证券市场国际化，交易所的自律监管也面临着国际化的机遇和挑战。交易所之间的合作方式很多，包括股权合作、技术合作以及监管合作等多方面。本章以交易所的跨境监管合作为视角，论述在交易所日益国际化的情况下，证券交易所所面临的问题，阐述我国交易所当前开展跨境监管合作的主要路径，并提出进一步完善我国交易所跨境监管合作工作的思路与建议。

第一节　证券市场国际化的趋势与挑战

一、证券市场国际化的含义及规律

（一）证券市场国际化的含义

何谓证券市场国际化？目前，理论界对于证券市场国际化尚未有统一的定义，大致有如下几种意见。

赵建国从投资者的角度,将证券市场国际化定义为"参与市场交易的借款人和投资者都不受国籍的限制。他们买卖的证券既可以是市场所在国发行的证券也可以是外国发行的证券。"

万国华从证券市场上存在的各种活动的角度,认为"证券市场国际化是指证券的跨国发行与交易而出现的证券投资、咨询、承销及代理等行为,当然还包括跨国交易场所以及跨国监管活动等。"

谢朝斌、黄凌认为,证券市场的国际化应该具体包括证券业的国际化、市场的国际化和监管的国际化。

聂庆平认为,证券市场国际化是指,以证券形式为媒介的资本在国际上自由流动,即证券发行、证券投资、证券交易和证券市场结构超越国界,实现国际间的自由化。

广义角度而言,证券市场国际化是指一国以证券为媒介的资金运动实现了跨越国界的流动。具体而言,包括以下四个方面。

一是证券投资者的国际化,即本国各类投资者可以方便地进入国际市场,参与国外的证券投资;国外投资者亦可进入本国市场,参与本国的证券投资。

二是证券筹资者的国际化,即本国各类筹资者可以在国外证券市场上筹集资金,外国筹资者亦可在本国证券市场上筹集资金。

三是证券业务国际化,指一国法律对外国证券业经营者(包括证券的发行者、投资者和中介机构)进出本国自由的规定和本国证券业经营者向国外的发展。

四是证券运营规则的国际化,它要求一国证券市场的运行规则应符合国际惯例。

狭义而言,证券市场国际化针对的是国内市场,即国内市场的对外开放。它包含的内容有:外国投资者被允许进入本国证券市场进行投资,外国筹资者也可以进入本国证券市场进行筹资。同时,外国证券经营机构亦能进入本国证券市场从事证券活动,本国证券市场的运行规则与外国接轨等。

(二)证券市场国际化的规律

有学者总结了境外发达国家和发展中国家证券市场国际化的经验,认为证券市场国际化的一般规律主要包括以下几点。

(1)证券市场国际化,是一国经济发展到一定阶段及其在国际经济活动中所占份额的增长和地位的加强,对其证券市场发展所提出的客观要求。

(2)证券市场国际化,是以一国国内市场一定的规模和一定的发展程度为基础,并与证券市场的规律相互促进、相互推动。

(3)证券市场国际化是有步骤、有计划、分阶段进行的。一般情况下,发展中国家证券市场的国际化从利用证券市场筹集外资开始,然后逐步过渡到证券市场的全面对外开放。

（4）证券市场国际化过程是一国政府不断放松管制的结果。

美国学者 Michael G. Papaioannon 和 Lawence K. Duke 曾对发展中国家的证券市场国际化内在过程进行了理论总结，认为发展中国家股票市场国际化一般要经历以下四个阶段。

（1）随着股价的上升趋势，市场流动性和风险调节收益的增加，股市的信用开始上升。

（2）金融行业的基础开始改造，各项制度开始完善，投资者的信心增强。

（3）股市的规模扩大，趋于稳定，风险管理机制和金融衍生工具开始完善。

（4）市场成熟，发展稳定，风险报酬下降至国际一般水平。

事实上，一国政府在决定采取何种模式推进其证券市场的国际化时，一般都要从本国的外汇制度、经济发展、国家安全和金融市场特点等方面出发。我国香港地区采取了金融自由化程度最高的"直接开放模式"；也有诸多新兴市场国家和地区采取了一种对国外投资者有所限制的"有限直接开放模式"；许多国家和地区在证券市场开放初期，则采用了通过组建共同基金的方式来吸引外资的较为保守的"间接开放模式"。

从证券市场国际化的业务开放顺序来看，在国际化初期普遍会适当放开国外投资的投资，即有限制地引入国际资本，然后逐步放宽投资比例和品种的限制，而对于外国金融机构在国内设立分支机构经营相关中介业务则普遍采取较为谨慎的策略，通常都在投资业务逐步放开的过程中有选择地允许其试点经营。

总体上看，由于新兴市场国家在证券市场国际化时的经济背景和证券市场发展状况，所以在业务开放顺序的选择上具有三个明显的倾向："一是首先考虑能吸引国际资本进入方面的业务领域开放，然后选择可能导致国内资本外流的业务领域开放；二是首先选择容易控制风险的业务领域开放，然后选择不容易控制风险业务领域开放；三是首先选择有利于国内金融机构拓展经营范围的业务领域开放，然后选择可能加剧国内金融机构竞争压力的业务领域开放。"

因此，一国证券市场的国际化首先要有一个合理的目标取向，要结合该国实际的经济发展状况，采取相应的开放态度，选择相应的开放重点，否则就可能出现目标选择与实际效果产生巨大差异的问题。

二、我国证券市场国际化的实践演进

我国证券市场国际化，是适应改革开放需要、随着市场经济建设发展起来的。1982年1月是我国证券市场国际化的起点，中国国际信托投资公司在日本东京发行了100亿日元的武士债券，标志着中国证券市场国际化进程正式启动。20世纪90年代初，沪、深证交所相继创立，证券市场国际化才进入了实质运行阶段。在证券筹资方面，内地企业开始在境外多个市场上发行股票与基金。1993年起，中国允许部分国有大型企业到香港股票市场发行H股，也有部分企业在美国纽约证券交易所发行股票，称为N股。进入2000年后，部分民营高科技企业到香港地区创业板和美国NASDAQ上市筹集资金，我国证券市场国际化进入一个新的发展时期。在证券投资方面，以 B 股的发行为起点，我国开始了证券市场向境外投资者开放的步伐；此后陆续推出了 QFII 制度和 QDII 制度，实现了境内外投资一定程度的开放。

时至今日，无论是在国际债券市场、国际股票市场及国内的 B 股市场，还是在与国际证券监管当局的合作方面，中国证券市场国际化都取得了令人瞩目的成绩。但是值得注意的是，我国证券市场国际化还仅仅处在起步阶段，与真正意义上的证券市场国际化还有相当大的差距。

（一）境内股的推出

B 股的正式名称是人民币特种股票，是指在中国境内注册的股份有限公司向境内外投资者发行并在中国境内证券交易所上市，以人民币标明其面值，以外币认购、交易和结算的股份。B 股在境内的上交所或深交所上市交易，其中上交所 B 股结算币种为美元，深交所 B 股结算币种为港币。初创时，B 股投资者仅限于境外和中国香港、澳门及台湾地区，2001 年 2 月 20 日后开始对境内个体投资者开放。

B 股是在特殊的历史背景下设立的。20 世纪 90 年代初，我国改革开放事业起步十多年后创立 B 股，其初衷主要是两个：一是为中国刚刚起步的资本市场建立一个国际窗口；二是为中国本土企业从股市上募集到外汇资金。1992 年 2 月 21 日，"上电 B 股"上市发行，成为中国 B 股市场第一只上市交易的股票。

1993 年为 B 股发行、上市的"大年"，沪深两市共新上市 23 只 B 股，此后 B 股新股发行上市数量逐年呈递减趋势。2001 年 4 月 26 日，"鄂绒 B 股"（现为"鄂资 B 股"）在上交所上市之后，中国再也没有发行新的 B 股。目前，中国共有 109 家 B 股上市公司，其中 54 家在上交所上市，55 家在深交所上市。

从 2001 年之后，B 股市场没有扩容，也没有新的政策出台，B 股市场在整个中国资本市场的作用越来越小，B 股不断被边缘化，这和不断走向规范与成熟的 A 股市场形成了鲜明的反差。2012 年 7 月，"闽灿坤 B"突然间站到了退市的边缘，把沉寂已久、高度边缘化的 B 股重新拉到了聚光灯前。

对于 B 股市场未来的改革方向，学术界和证券界进行了积极地探讨，大体提出了三种方案。

（1）建设 B 股市场为资本市场特区。这种方案主张通过向境内机构投资者开放 B 股二级市场，发行 B 股基金，启动 B 股发行程序，吸引蓝筹股公司到市场融资等等措施，具体步骤是先搞特区、特案、做试验，积累了经验再推广。

（2）A、B 股市场强制并轨。这种方案认为目前 B 股数量少，政策上也没有大障碍，A、B 股如果按照市价强制并轨，过程会比较轻松，而且成本低、见效快。

（3）B 股市场整体退市。这种观点认为：B 股市场改革要努力实现多赢，既考虑 B 股公司的利益，更要考虑 B 股投资者的利益，改革的目标取向应该是 B 股整体退市。要解决 B 股市场问题，有统一原则没有统一模式，要提倡大胆创新不搞一刀切，主张利用金融工程原理，通过设置认股权证、股权转债券等手段使问题得到解决。

上述三种方案均具有创新性和一定的可操作性，各有利弊，B 股市场何去何从，我们仍需拭目以待。

（二）境内企业境外上市

1993 年 7 月 15 日，"青岛啤酒"正式在香港联交所上市发行，开创了我国企业境外发行股票并上市的先河。之后，随着我国股票市场对外开放的步伐逐步加快，越来越多的企业选择境外市场发行股票并上市。目前，境外上市已经成为国内企业融资的重要渠道之一，境外上市的中国企业已经初具规模。

我国企业境外上市主要地点在香港（H 股）、美国（N 股）、新加坡（S 股），伦敦、多伦多等交易所也出现了不少中国公司的身影。其中通讯或 IT 类的企业在美国受欢迎的程度较高，而制造业与通讯或 TI 行业的上市公司，在香港和新加坡市场占较大比例。

境内企业赴境外上市的原因主要有以下几个方面：一是国内发行股票并上市的程序相对复杂；二是总体上来说，国内上市的门槛较高，而在国外却能找到合适的市场登陆；三是境外市场可以实现股票的全流通，有利于发起人择机退出；四是除了满足融资需要之外，一些大型企业希望通过境外上市达到改善公司治理的目的；五是境外一些交易所争夺上市资源，纷纷来国内进行市场推介。当然，还有一些其他因素，例如有利于扩大知名度，便于开拓海外市场；一些地方政府将推动企业到境外上市作为吸引外资的重要手段；境外上市公司（外资公众股超过 25%）可以申请转为外商投资企业，享受税收减免等优惠政策；等等。

国内公司境外上市主要方式有以下几种。

（1）境外直接 IPO，是指国内企业直接以自己的名义在境外发行股票并在境外交易所挂牌上市。

（2）境外曲线 IPO（红筹股形式），是指境内企业在境外设立离岸公司或者购买壳公司，将境内资产或权益注入壳公司，以壳公司名义在海外证券市场上市筹资的方式。

（3）境外买壳上市，是指企业以现金或者交换股票的方式收购另一家已在海外证券市场挂牌上市的公司部分或者全部股权，然后通过注入母公司资产的方式，实现母公司到境外上市的目的。

（4）可转换债券（Convertible Bond）上市模式。可转换债券是公司发行的一种债券，它规定债券持有人在债券条款规定的未来某一时间内可以将这些债券转换成发行公司之一定数量的普通股股票。

（5）存托凭证（Depository Receipt）上市模式。存托凭证是一种以证书形式发行的可转换证券，一般是由境外银行发行的，代表一个或多个存放于原发行国托管银行的发行人股权份额的可转让证券。按其发行范围可分为：全球存托凭证（GDR）、美国存托凭证

(ADR)、中国存托凭证（CDR）等。

（三）合格境外机构投资者制度的推出

合格境外机构投资者（Qualified Foreign Institutional Investor，简称"QFII"）制度是一种在资本市场完全开放之前，允许经过核准的合格外国机构投资者在一定规定和限制下汇入一定额度的外汇资金，并转化为当地货币，通过严格监管的专门账户直接投资于当地证券市场，其资本利得、股息等经批准后可转为外汇汇出的证券投资管理制度。可见，该制度是一种在资本项目尚未实现货币自由兑换的经济体中实现其证券市场对外开放的现实选择，体现了证券市场开放过程的渐进式策略。

QFII制度主要内容包括：资格条件、审批登记、投资比例、额度限制、投资对象、交易框架、资金汇入汇出控制等等，通过对这些内容的修改，QFII制度可以比较灵活地根据实施情况对证券市场开放的程度进行微调，减少开放对国内经济的冲击。这种制度曾被许多发展中国家和地区在资本市场全面开放前采用，如我国台湾地区、印度、巴西等。我国也于2002年12月1日起施行《合格境外机构投资者境内证券投资管理暂行办法》，从而拉开了我国QFII制度的序幕，使我国证券市场开放迈入了实质性阶段。

2003年5月以后，瑞士银行、野村证券、摩根士丹利、花旗环球、高盛公司、德意志银行、汇丰银行、ING银行、摩根大通银行、瑞士信贷第一波士顿等境外机构投资者先后获批QFII资格。总体来看，近几年境外机构对我国QFII制度表示出较大的兴趣，申请较为活跃。截至2012年5月，共有167家境外机构获得QFII资格，其中138家累计获批260.13亿美元投资额度，110家累计汇入本金200.01亿美元，其余28家获批56.7亿美元的投资额度，即将汇入资金开始投资。

（四）合格境内机构投资者制度的推出

合格境内机构投资者（Qualified Domestic Institutional Investor，简称"QDII"）制度，是指在资本项目未完全开放的国家，允许本地投资者投资境外资本市场的投资者制度。积极推进QDII在我国的发展，可以在全球范围内寻求更大的投资空间、更多的投资机会、更大程度地分散风险，可以与国际资本共享全球化收益。同时，也会使中国资本市场逐步与国际接轨，有助于提升中国资本市场的国际地位。QDII制度本质上是一种资本跨国流动安排机制，因此对于目前仍实行严格的资本项目管制的中国而言，这将意味着必须对现行的监管体系进行调整，以适应新的经济发展形势。

经过多年的研究和论证，我国逐步认识到了实施QDII制度的必要性。QDII制度在我国大致经历了三个发展阶段。

（1）筹划阶段。2003年，保监会《关于保险外汇资金投资境外股票有关问题的通知》，保监会、人民银行《保险外汇资金境外运用管理暂行办法》相继发布，保险外汇资金可投资于中国企业在境外发行的股票，并可对银行存款、债券、票据等金融工具进行投资。2005年1月，第一笔保险外汇资金境外运用额度17.5亿美元批给了中国平安。2006年5月，《全国社会保障基金境外投资管理暂行规定》正式开始实施，中国社会保障基金正式启动海外投资。

（2）试点扩大阶段。2006年后，QDII进程明显加快，针对银行、券商、基金开办QDII业务的暂行管理条例纷纷出台。2006年4月，《商业银行开办代客境外理财业务管理暂行办法》发布，QDII完成了从试点到制度的转变。9月，国内首只基金QDII产品——华安国际配置基金公开发行。同年，工商银行、建设银行、中国银行、交通银行、汇丰银行、东亚银行获得了首批QDII牌照，并相继推出了代客境外理财产品。

（3）规范和加速发展阶段。2007年5月，银监会颁布了《关于调整商业银行代客境外理财业务境外投资范围的通知》；2007年6月，保监会会同中国人民银行、国家外汇管理局制定的《保险资金境外投资管理暂行办法》正式实施；2007年7月，证监会颁布的《合格境内机构投资者境外证券投资管理试行办法》以及《关于实施有关问题的通知》正式实施。至此，我国QDII进入了规范和加速发展阶段。

三、证券交易所国际板的推出

（一）国际板推出后交易所面对的问题和挑战

国际板市场建设将不仅有利于本所多层次蓝筹股市场的建立和完善，有利于本所世界一流交易所战略目标的实现，更有利于上海国际金融中心的建立和我国资本强国的建设。但是，国际板市场推出后，上交所也将面临一些新的问题和挑战。

1. 拓展和争夺国际上市资源方面

当前，各国交易所之间竞争越来越激烈，这种竞争不仅包括信息技术的竞争、产品结构的竞争，更包括上市资源的竞争。在激烈而复杂的竞争环境下，未来的交易所将具有三种战略定位，第一种定位是全球性交易所，第二种定位是地域性交易所，第三种定位是多元性交易所。上交所的目标是打造世界一流交易所，推进市场参与者与交易产品的国际化。因此，通过设立国际板等措施，吸引全球优质上市公司到上交所上市，对于带动和促进市场国际化、提升交易所竞争力有着十分重要的意义。

推进上交所国际板市场建设，除了加大制度和规则研究力度、创造良好的舆论氛围、提升国内投资环境之外，上市资源拓展是国际板建设的重中之重。必须按照有利于提升中国经济安全、有利于促进产业升级、有利于完善市场结构的原则，加大全球推介力度，引入资源类、技术类和消费类的外国优质公司上市，提升上交所的国际形象和国际竞争力。吸引国际上市资源的重点在于以下几方面。

一是大力吸引境外资源类企业，缓解国内资源的需求压力。我国国土资源部发布的《2011中国国土资源公报》显示，2011年我国主要矿产品产量总体保持增长态势，供应能力得到提升，但大宗矿产品的供需缺口依然较大。原油、煤炭、铁矿石、铝土矿、锰矿、铬铁矿、镍矿等矿产品进口量较上年均有不同幅度增长，其中，石油对外依存度56.7%，铁矿石对外依存56.4%。吸引其他国家一些资源类企业来境内上市，还可增强我国在国际资源市场的控制份额，缓解我国经济发展的资源瓶颈问题，这些都有助于我国经济的可持续发展。

二是大力吸引境外技术类企业，推动我国产业升级和技术进步。近二十年来，我国通过建立中外合作、中外合资企业，实施"以市场换技术"的战略，但效果并不理想，最终未能有效提高自主研发和创新能力。由于缺乏具有自主知识产权的核心技术，导致我国制造业处于全球产业链中附加值和技术含量较低的位置。目前我国经济发展正处于"调结构"和"转方式"的关键时期，亟须引进拥有先进成熟技术其存在转移可能性的境外公司。要以资金和市场吸引这类技术企业上市，通过入股、并购等权益类合作方式，吸引先进技术，加快技术创新。

三是吸引境外优秀企业，完善国内证券市场的行业结构。近年来，中国证券市场在规模方面获得了迅速发展，但受制于现有经济发展阶段和经济结构，股市的行业机构不尽合理。金融、能源和原材料等行业在市场结构中权重过高，而信息技术、消费服务、通信、公用事业、先进制造业公司相对较少，从而使公司经营业绩和股市运行带有浓厚的周期性色彩。以2010年3月为例，沪深交易所普通制造业类上市公司市值占比38%，金融保险类上市公司市值占比为25%。因此，我们应充分利用国际板建设这一良好机制，合理选择境外目标公司，使国际板公司与现有的国内公司在行业上形成良好的互补性，优化资本市场行业结构。

2. 证券市场运营及监管方面

若国际板采用境外公司直接发行A股方式，就目前市场的制度安排来看，参与国际板一级市场发行和二级市场买卖的投资者，与当前国内板市场完全是一样的，但是由于国际板的上市公司均注册在境外，所以国际板市场在上市标的、适用法律、交易制度安排、公司高管监管等方面与国内板市场还是存在一定的差异性，对交易所证券市场的运营和监管亦会构成一定的压力。

首先，国际板市场的运行将受制于境内外两个市场运行规律的影响，并受境内外两个市场的环境、经济社会管理制度、语言和文化等差异的影响。

其次，国际板市场股票价格同时受到境内市场估值水平和境外同一公司股价的影响，在信息传播技术日益快捷的今天，国际资本和国际资本市场对国际板市场的影响将会很容易很直接。

再次，国际板公司注册在境外，公司高管一般也是境外人士，上市公司还可能在多地上市，不同国家（地区）存在法律的差异以及时区的差异等，跨境、跨市场操纵成为可能，内幕交易也变得更为复杂、隐蔽和更难发现，这使得对国际板市场违法违规行为的调查会更困难。

第四，国际板市场监管执法也面临规制跨境违法违规行为的法规供给不足的问题。同时，与国内板市场相比，国际板市场违法违规的手段、方式可能存在较大差异，影响跨境监管合作效率和效果的因素将会比较多。

（二）证券交易所开展跨境监管合作的必要性

在资本市场国际化发展过程中，也蕴含着一系列的风险，例如市场价格过度波动风险、市场滥用风险和系统性风险等。而境外公司的属地管辖特性，又决定了监管组织间协作的必要性。境内外的自律监管机构在监管原则、标准和内容等规则制度方面，需要彼此协调；在监管过程中，也需要考虑他国因素。因此，跨境监管合作将成为必然。

从大多数发达市场的经验来看，承担市场一线监管职能的证券交易所，是证券监管体系重要组成部分，是证券监管体系中对证券交易监管最直接的环节。注重市场自律监管的英国和德国，证券交易所的作用自不必说，以美国和日本为代表的政府主导监管模式，对于证券交易所的作用同样重视有加。各国证券交易所在证券交易的实时监控中起了非常重要的作用。通过实时监控系统，交易所很容易发现异常交易行为，并及时调查与会员公司有关的违规行为。另外，各证券交易所通常都在股市下跌到一定幅度后采取紧急停市措施，以便投资者有机会和时间重新审视股市并权衡其投资决策，减轻股市下滑速度。如美国就设置了普通股票交易短路器、股票指数交易短路器以及期货程控交易短路器等完备的防范措施。

自律组织是监管机构实现监管目标的重要补充。在发现和认定交易异常情况、发现并查处市场违规行为以及启动市场短路器等方面，证券交易所有独特的优势，其作用无可替代，这也是各国重视证券交易所作用的主要原因所在。充分发挥交易所的自律监管作用，实质上就是更多地发挥市场的作用，证监会国际组织在《证券监管的目标和原则》中也充分肯定了自律组织的作用。所以，随着国际板市场的推出，交易所自律监管在跨境监管合作中必将发挥更大的作用。

第二节 跨境监管合作的经验与启示

一、发达国家或地区跨境监管合作的经验

（一）美国

1988年6月，美国SEC向美国国会提交了《国际证券执法合作法案》（International Securities Enforcement Cooperation Act），美国国会于1990年通过该法案。该法案赋予了SEC与外国监管机关合作的一些特权与便利，主要内容包括以下几点。

（1）SEC在国际证券监管合作中可以为外国证券监管机关提供必要的协助，以使其

可顺利地开展违反该外国证券交易法案件的调查工作；

（2）SEC 所获得的由外国证券监管当局提供并要求保密的文件和信息豁免受《信息自由法》（the Freedom of Information Act）的披露条款的约束，以利于消除外国监管机关的顾虑，使其向 SEC 提供有助于证券监管合作的信息；

（3）为防止 SEC 向外国监管机关提供未公开信息被其他法律认定为违法，规定 SEC 有权制定单行法规向外国监管机关提供未公开的信息；

（4）授权 SEC 在国外对涉嫌违反美国证券法的行为进行调查，同时也允许外国证券监管当局在美国境内对涉嫌触犯该外国证券法的行为加以调查。

美国是最早利用司法互助协定形式进行国际证券监管合作的国家，现在已经与加拿大、瑞士、英国等十几个国家签订了司法互助协定。1973 年美国与瑞士签署的司法互助协定中规定，缔约方在满足一定条件下可以获得另一方有关强制措施方面的协助。1985 年与加拿大签署的司法互助协定中规定，凡是涉及证券、消费者保护等领域的违法行为均可适用相互法律协助。这些协定的签署为美国与缔约国之间开展合作，打击证券违法行为与投机行为带来了极大的便利。

美国采用的第二种形式就是签订谅解备忘录。美国和瑞士于 1982 年签订的《在内幕交易领域确立相互可接受的途径改善国际法律执行的谅解备忘录》，是美国最早签订的关于证券监管国际合作方面的备忘录，开了运用谅解备忘录对跨国内幕交易案件的法律调查提供协助之先河。通过这种形式，使得美国 SEC 的域外监管权得到有效实施，更好地打击了证券违法犯罪活动。由于双边合作受到主体的限制难以在区域内及全球范围内展开，由此美国 SEC 积极推进全球范围内的监管合作。国际证监会组织（IOSCO）、世界交易所联合会（World Federation of Exchanges，WFE）、国际证券管理者协会（International Securities Services Association，ISSA）等国际组织都有美国的身影，这一系列举措，造就了美国建成世界上最稳定、最完善的证券市场。

（二）英国

英国证券市场的跨境上市以及双重或多重挂牌上市十分普遍。监管机构进行跨境合作监管很有必要。跨境监管涉及国家主权问题，进行跨境监管必须达成市场监管协议，需要各国监管部门之间的合作。

英国证券交易方面的监管合作，主要分为三个层次。一是英国国内的合作，英国境内的各家金融机构由金融服务监管局（FSA）统一监管和协调工作。二是欧盟内部的合作，根据欧盟相关规定，目前欧盟内部合作流程已经标准化，可直接进行信息交流。三是国际合作，英国金融服务监管局和一些国家签双边合作备忘录。

在跨境监管的法律层面，2000 年颁布的《金融服务与市场法案》第 169 条授权英国金融服务监管局有权协助境外机构开展调查。根据海外监管者的要求，金融服务监管局可以根据第 165 条行使权力，要求当事人提供文件或信息，或任命人员开展调查。该法案第

354 条授权金融服务监管局可以采取适当步骤协助与其职能相同的英国境外监管机构合作。

在跨境监管的体制层面,金融服务监管局管理架构四部分之一的直接报告业务单元下设有国际部、执法和金融案件部。其中,国际部负责国际相关事务管理,包括对主要国际委员会代表的支持、加强与向金融服务监管局提供国际策略的相关者建立联系和开展协作;执法和金融案件部负责开展行政、民事、刑事执法,负责与国内外监管者和司法部门开展合作。

(三)德国

《德国证券交易法》授权德国证监会(Securities Council)负责国际合作事宜,第 7 条要求不管各自的证券交易法律和规定有何不同,德国证监会都应当与对证券交易所、其他证券或衍生产品市场和证券、货币工具、衍生产品交易负有监管责任的其他机关和其他国家的监管机构进行合作。德国《证券交易法》第 19 条和第 30 条还分别就打击内幕交易时的信息交换,以及履行监控职责或进行与履行监控职责有关的行政或司法责任追究时的通报和披露义务进行了规定。

德国证券交易方面的监管合作,主要分为三个层次。一是德国国内的合作,德国境内的交易所之间合作比较频繁,交易所成立跨市场监管小组(Intermarket Surveillance Group,ISG),所有的德国交易所都是其成员,成员之间签订专门的协议互相联络。二是欧盟内部的合作,根据欧盟相关规定,目前欧盟内部合作流程已经标准化,可直接进行信息交流。三是国际合作,德国联邦金融服务监管局(Bafin)和美国 SEC 有双边协议,和 SEC 有比较深入的合作和交流;而和其他一些国家因跨境合作涉及国家主权问题,尚处在探索过程中。

依据德国相关法律,各证券交易所的交易监察办公室,在监管境外发行人的证券时,与境外发行人的证券是同样对待和处理,不因该证券是境外发行人而特别对待。法兰克福交易所《交易规则》第 169f 条、第 169h 条、第 29a 条,还对国内市场上外国证券的交易订单、交易方式、参考价格、结算要求进行了规定,要求外国证券实行中央集中存管和结算,通过日内连续竞价进行交易,可以参照董事会指定的有序市场或者非欧盟国家同等市场上的价格进行定价。

(四)香港地区

港交所的上市制度既适用于本地发行人,也适用于海外发行人。香港本地发行人、包括在中国注册成立的发行人、海外发行人在香港市场发行证券,都必须遵守联交所的《上市规则》,但海外发行人还必须遵守《上市规则-主板》第 19 章及第 19A 章或《上市规则-创业板》第 24 章及第 25 章所载列的附加规定或修订条文。2007 年 3 月 7 日,证券及期货事务监察委员会及联交所发表了联合政策声明以协助海外发行人在联交所上市。

香港、中国及海外发行人可向联交所申请作主要上市。做主要上市的发行人可在港交所买卖其所有上市证券，并必须全面符合《上市规则》，除非上市发行人获得特别豁免遵守《上市规则》。在港交所作第二上市的发行人必须在其他交易所主要上市，而其大部分证券通常都不在港交所买卖。只有海外发行人（但不包括大中华成立的上市发行人）才能在本所作第二上市，该等发行人必须与外地市场有充分的联系。在判定第二上市发行人是否与外地市场有充分的联系时，港交所不仅仅会考虑发行人的注册成立地，还会参考其他因素，以决定某家公司的"重心"在哪地。实际上，第二上市发行人获得《上市规则》的豁免是较多的。

为鼓励更多海外公司在港交所上市，港交所并不强求海外公司与香港公司惯用的结构及营运模式相同。不同的监管机构及交易所会采用不同的机制监管公众公司以确立投资者保障，投资者权利的保护也不会只有一种正确的监管做法。因此，港交所以弹性方法处理《上市规则》的"至少相当保障水平"规定，以让建构于外地法律及管治框架下的公司，亦可于港交所上市。譬如，港交所可能授予或拒绝豁免发行人遵守某些《上市规则》规定，或者在授予豁免时附加条款，以确保海外发行人达到港交所拟定的监管效果。

港交所指出，虽然在批准上市申请前，港交所作为监管者相信申请人所属司法权区能提供充足的监管、披露及透明度，以保障投资者的利益，但投资者仍应注意投资海外发行人的证券跟投资本地证券的风险存有差异。

主要风险包括：①海外发行人是受其所属司法权区的不同公司法例约束，以管理其事务，包括期限、公司架构、监管组织及权力、股份转让、股东权利及股东争议解决事宜。②本地投资者投资海外发行人证券可能在提出海外发行人或其董事诉讼时存在若干困难，因而难以执行其股东权利。原因是该等诉讼可能涉及跨境的复杂因素，包括：证据收集、法律服务、法院诉讼协助或有关的庞大支出。③香港监管机构未必有管辖区以外的调查及执法权。要达到监管目的，必须依靠海外监管机构自身制度对其辖下发行人执行任何违反公司管治的判决。④若海外发行人的主要业务及资产所在地是位处其注册成立地或香港以外，发行人更可能要符合当地的法例、准则、限制及风险事宜，该些事宜会跟香港公司存有很大差异。

港交所特别提醒投资者有关投资第二上市发行人的额外风险。港交所指出，在香港作第二上市的发行人由其主要上市地的交易所及财政监管机构监管。同时，第二上市发行人通常会获得较多的《上市规则》豁免，该等发行人亦不会全面遵守《上市规则》。由于海外及香港的证券市场存在差异，证券价格的浮动亦会较为显著。

2001年2月20日，港交所和香港证监会签订了关于证监会对交易所参与人监督检查和交易所监察事宜的谅解备忘录，是对证监会和交易所监管职责的厘清。该备忘录对港交所开展跨境合作做出了原则性规定：港交所应当不时考虑在其职责范围内以适当方式与本地或海外机构建立适当的合作安排，以便其作为认可的交易所控制人，有效地管理其风险和行使其职能；同时，证监会在其法律许可的范围内应协助交易所依据合作安排履行其相关职责和义务。就目前来看，港交所的海外合作安排，主要有两种形式：一是加入世界交易所联合会，二是与其他交易所通过谅解备忘录形式建立合作关系，但谅解备忘录不具有法律效力，一般而言对签订双方不构成法律约束。

（五）台湾地区

我国台湾地区对证券跨境交易的监管源于1989年修正的"证券交易法"增设的第157条。根据该条规定，任何人在境外通过电话或传真向台湾的经济商发出指令买卖股份证书，根据证券交易法都应承担法律责任。因此，当域外的证券不法行为对台湾证券市场造成后果时，台湾地区就可以据此特别规定行使管辖权予以制裁。

对于证券跨境交易的违法行为，目前主要是由各国依靠单边法律监管的方式进行。但由于证券的交易行为已由一国进入另一国，证券的交易行为实际上已经常常由两国甚至多国依据其各自国内法律的域外效力行使监管，因此监管冲突也就不可避免地存在。这种冲突的表现在管辖权、监管实体法和监管调查执行三个方面。其中积极冲突使得证券跨境交易的风险加大，而消极冲突又造成证券跨境交易规避法律监管现象泛滥。鉴于此，各国有必要在行使各自管辖权的同时，加强证券国际协调监管。

二、证券交易所跨境监管的启示

跨境上市是全球化市场的特点之一，双重或多重挂牌上市在成熟市场上十分普遍。证券交易的全球化趋势使得跨境监管成为必须。由于跨境监管涉及国家主权问题，进行跨境监管必须达成市场监管协议，需要各国监管部门之间的合作，因此监管机构进行跨境合作监管很有必要。中国证监会在维护我国证券市场的稳定中发挥了重要作用，但是为适应全球化证券交易活动的发展，我国的证券监管制度势必与国际接轨，因此我国应从多角度考虑建立跨国证券监管制度的合作机制。从境外主要国家或地区以及证券业国际组织进行跨境监管的经验来看，对我国的启示主要在于以下方面。

（一）深化资本市场改革开放

随着全球金融要素市场的重新整合，世界资本市场及金融中心正面临新的考验，主动性与主导权已成为这一特殊时期国际金融中心领导力的核心。我国资本市场目前尚处于发展的初级阶段，对内进一步改革、对外进一步开放是今后的趋势。目前，我国证券市场的市场化、国际化步伐正在迅速推进。我国以发展中国家的身份加入世贸组织，在入世时并未设定证券业过渡期的最后期限。由此，按照WTO《服务贸易总协定》的相关条款，适用逐步自由化原则中对发展中国家的保护性条款，逐步开放我国证券市场，以保护尚处于发展初期的证券市场。

（二）完善证券跨境监管法律机制

推进证券市场国际化，从区域市场到国际市场，特别需要借鉴国际经验。从这个角度看，与其他国家的证监机构开展跨境监管合作是题中应有之义。在实体法方面，借鉴美国的经验，制定有关证券市场跨境监管的法律法规，以尽快完善我国相关法律制度，为证券市场国际化提供相关的法律支持；在冲突法方面，通过总结归纳世界各国的成功经验，对涉外法律适用方面制定出更为详尽的以适应证券交易的法律法规，以便在发生法律冲突时，准确地选择适用哪国法律解决证券交易中存在的问题，促进证券市场的发展，打击不法交易行为。

（三）赋予监管机关参与国际合作的自主权

美国通过制定《国际证券合作执行法》来加强 SEC 监管合作的权利，从国内法上给予证券监管法律上的支持。面对跨境市场违法违规行为的复杂性，除了在证券交易所层面的合作之外，证券监管机构的执法合作是更为重要的一个层面。证券交易所作为一线监管机构，积极配合证券监管机构进行跨境执法合作很有必要。而我国《证券法》对证监会开展国际合作的权限未具体规定，倘若使证券监管更具效力，则需制定相关法律条款，明确具体地规定证监会的监管权利，通过国内立法为跨国证券监管提供强有力的法律支持。

（四）拓宽全球性证券监管范围

证券市场是国家资本流动的市场，是企业进行融资、投资者进行投资的重要渠道。证券市场的健康发展能够实现资源的有效配置，充分发挥优胜劣汰的市场机制。而证券市场的繁荣则有赖于严格有效的监管行为。证券交易活动一旦跨越了国界，风险也随之传递，加强证券监管的国际合作也势在必行。

一般来说，证券监管机构之间通过双边协议、签订多边或双边备忘录等形式建立的国际合作关系及其内容，是自律监管国际合作的主要依据。此外，从境外跨境监管合作的经验来看，跨境证券监管已经不仅限于签署合作备忘录和跨执法合作，未来需要进一步参与全球性多边监管的合作与协调，加强与国际证券业组织的合作，通过司法互助协定进行监管合作与协调，在公平互利的基础上推动我国证券监管的国际合作机制。

（五）跨境监管合作是一项长期性的工作

跨境监管合作，是一项综合性、整体性的工作。尤其是交易所之间的合作，以双方自愿为前提，是一个长期的过程，只有建立了双方相互信任的关系，才能找到合作的抓手。信任的基础是对对方持续的、全方位的了解，很多交易所在初次达成合作协议之时，并没有明确的未来合作计划，而是在后续不断地接近和了解中开展合作。例如巴西交易所与芝加哥交易所之间，不仅互相持股，而且在订单路由、期货合约相互上市、新交易系统共同开发上都有深度的合作，2010 年双方签署了 15 年全球优先战略合作协议。但是，它们之间从 2007 年初次达成合作协议，到 2011 年的深度合作，历经了 4 年，双方是在不断地了解和合作中越走越近，合作越来越深入。

第三节　我国证券交易所开展跨境监管的路径分析

一、签署合作备忘录进行监管合作与协调

证券监管者之间国际合作与协调的一个重要途径是签订双边的谅解备忘录（简称MOUs）。与司法互助协定不同的是，谅解备忘录仅是双方就某些特定类型的案件所做的一种无法律上约束力的意向声明。由于这些谅解备忘录是各国对证券市场负有直接监管责任的监管部门之间达成的，因此它在获取有关证券违法和犯罪的情报方面比司法互助协定更为有效，更具有预见性。世界上最早的谅解备忘录是美国与瑞士在1982年达成的。到1994年底，美国监管者已与加拿大、英国、挪威、阿根廷等41个国家签订了双边谅解备忘录。其他一些国家，如法国、英国、西班牙等国也签订了大量的双边谅解备忘录。九十年代初期，一些新兴市场的监管者也开始商谈签订有关证券信息共享网络、适用法律、行政与技术合作等方面的谅解备忘录。目前，我国证监会通过与境外证券监管机构签订谅解备忘录的形式进行跨国证券监管的双边合作。截至2012年5月底，我国证监会已经与53个国家或地区的证券监管机构签署了谅解备忘录。

（一）上交所与境外交易所备忘录签署情况

签署合作备忘录是交易所之间深入合作的一种非常重要的方式。截至2018年10月，上交所已经与49家境外交易所签署了合作谅解备忘录，包括纽交所、东交所、多伦多交易所等世界主要交易所。其中最早的是1994年与伦敦证券交易所签订的《谅解备忘录》，近期主要有与南非约翰内斯堡证券交易所、越南河内证券交易所、马来西亚交易所分别签订的《合作谅解备忘录》。

从目前上交所与境外交易所的合作情况来看，存在一些问题尚待改进。

1. 合作备忘录的内容需要进一步细化

目前上交所已经签订的合作备忘录，大多数内容都相对比较简单，尤其是早期签订的一些协议，实质性的内容比较少。大多数备忘录就设立联络人员、互换信息、人员培训等方面进行了框架性的规定，缺乏监管合作方面的细化规定。这与当时的客观情况也很有关系，我国证券市场建立之初，一切都是在探索过程中，市场发育很不健全，对外合作的机制尚待建立。而随着我国证券市场改革发展和对外开放的深入进行，有了进一步的实践经验，设立之初定下来的条款有些已经不够用了，一些内容需要进一步细化。

2. 针对国际板需要签订补充协议或条款

对于上交所将要推出的国际板来说，需要配合监管机构，促进红筹公司加快回归A股市场，探索境外企业在境内发行上市的制度安排。境外企业一旦到境内上市，市场参与者

国际化，面临的就是跨境监管的问题。针对两地或者多地上市公司的监管，交易所之间有必要签订补充协议或条款，建立市场运行及自律监管协作机制，促进双方更紧密地联系与合作。

3. 需要进一步优化交易所之间的协调配合

优化交易所之间的分工合作，明确跨境监管合作的具体要求和执行程序，进一步明确交易所在跨境监管合作中信息交换与使用、涉嫌违法违规行为的发现与调查、协助调查取证的权力等多方面的权限和职责，以规范与境外交易所之间的合作行为。

（二）合作备忘录的制度架构

1. 合作备忘录的定位

目前，上交所与世界40多家交易所都已经签署过合作备忘录。备忘录中一般都有"如果有更进一步的合作意向或计划，双方应签订具体的合作方案，并作为本备忘录的附件"等类似条款。依据此类条款，在已经签署合作备忘录的基础上，如果有公司同时在双方交易所上市，可以再签订补充备忘录，将补充备忘录作为两所备忘录的附件，着重规定有关跨境上市证券的监管合作。

值得注意的是，由于跨境合作涉及国际主权和独立等诸多因素，交易所之间合作需要国家层面有良好的合作基础。合作备忘录是双方交易所合作的基础性法律文件，但是备忘录并不具有强制法律效力，合作能否实质性进行，取决于诸多因素，不能完全寄希望于此。

2. 合作备忘录的指导思想和原则

由于存在上交所和境外市场两地上市的企业，因此两地交易所之间需建立市场运行及自律监管协作机制，签订合作备忘录旨在促进双方市场公平、公正、公开和有秩序地运作。从国际交易所合作的实践和经验来看，交易所之间合作应遵循以下三个原则。

一是维护国家主权和经济利益原则。在经济全球化的背景下，各种国际组织不断发展，使得一个国家的经济主权受到了挑战，但国家主权依然是一国对内的最高权和对外的独立权，各个国家不分大小和强弱，都是国际社会平等成员。因此，应充分把握好国际证券合作与国家主权、经济利益之间的关系。交易所之间的合作，是建立在国家之间合作的基础上的，必须同样遵循维护国家主权和经济利益原则。

二是对等原则，其核心是权利平等精神。各个国家政治体制和法律体制的各有差异，同时各个国家证券市场交易机制和规则都千差万别，在这种情况下合作，双方权利义务平衡是前提。合作是双方平等、互利共赢，制定合作条款的过程中必须注重对等原则。

三是信息的适用性和保密性原则。此前我们和境外交易所已经签订的备忘录，大多数都有"任何一方不对按本备忘录所提供信息的准确性、完整性和适用性，以及按本备忘录提供信息的能力负责"等类似条款。此类条款的存在，主要是为了给双方免责，防止因为履行备忘录相关条款而承担法律责任。而实际执行过程中，所涉及信息的准确性、完整性和适用性对两地上市公司监管和保护投资者利益有重大影响，因此双方保证所提供信息的准确性、完整性和适用性非常有必要，可以在补充备忘录中予以明确。同时，在信息交流的过程中，必须注重信息的保密。例如德国《证券交易法》第7条，"合作过程中，在不违背德国法律规定的情况下，可以根据请求与证券交易所或其他证券或衍生产品市场，证券、金融工具、衍生产品交易或外国交易所，信托机构、金融服务机构、投资公司、金融公司、保险公司、行政部门或相关法院分享事实（facts）。如果分享的事实由他国机关向证监会提供，只有在符合该机关指定的使用目的时，才可以被披露或使用。"

（三）合作备忘录的主要内容

1. 联络和沟通机制

合作备忘录中必须明确交易所跨境协作的联络和沟通机制，包括日常业务协作和联席会议制度。

日常业务协作由双方授权的业务部门按照合作备忘录和相关约定开展业务协作。关于日常业务协作，两地交易所分别授权相关业务部门建立指定联络人、热线电话、邮件等沟通渠道，开展日常协作。

联席会议定期召开或由一方临时提议召开，可以由双方指定相关业务部门负责安排会议。联席会议的目的是：交流监管经验和市场发展情况；讨论双方提出的报告和建议；制订双方业务交流及人员培训的计划和双方认为适当的其他问题；研究和解决双方市场中发生的新情况和新问题。

2. 信息交流和互换机制

交易所跨境协作的目标对象是在两地上市的上市公司，协作的主要内容包括上市公司监管的协作、市场监察的协作和交易运作的协作等方面。其中主要涉及上市公司股票停牌、重大事件披露的及时协调、终止上市的及时沟通；协同监管中信息交换、共同风险控制和联合调查；交易异常的及时沟通和交易信息的交换等国际板特有的问题。

3. 人员交流与培训机制

资本市场国际化，需要一只熟悉证券市场国际业务、制度和规则的人员队伍。建议借鉴我国证监会与香港证监会、美国证交会的交流培训经验，积极开展与境外各国相关监管机构的交流合作，建立例行与专项相结合的培训机制，尽快培养一批熟练掌握国际监管规则体系和境外规则制度及经验的业务人员，以满足国际板监管工作与国际接轨的迫切需要，不断提高证券监管的国际化水平。

二、配合监管机构开展跨境执法和司法合作

（一）我国证券跨境执法合作框架介绍

1. 执法依据

根据《证券法》第179条第2款之规定，中国证监会可以和其他国家或者地区的证券

期货监督管理机构建立监督管理合作机制，实施跨境监督管理。该规定为我国证监会开展对外合作，建立跨境监管机制设立了法律依据。实践中，我国证监会在双边监管备忘和IOSCO多边备忘录的框架下，与境外证券监管机构进行跨境执法合作，有力促进了各自监管职能的履行，保护了投资者的利益，维护了各自市场的稳定发展。

2. 执法权限

《证券法》未明确规定我国证监会在跨境协查中可采取的法定调查手段，我国证监会与境外监管机构签署的双边备忘录，以及IOSCO多边备忘录对此也没有规定，只有在我国证监会致香港证监会《关于监管合作备忘录的附函》中，提及我国证监会办理来自香港证监会的跨境执法协查请求时可采取《证券法》第180条和《期货交易管理条例》第51条规定的法定调查手段。

3. 跨境执法体制

根据国务院办公厅发布的《中国证券监督管理委员会职能配置、内设机构和人员编制规定》(国办发[1998]131号)，国际部和稽查局为我国证监会跨境监管执法协作的职能部门，稽查局相应设立反洗钱与涉外案件调查处，负责协调跨境案件的办理。稽查局直接对口香港证监会，办理我国证监会与香港证监会的协查请求、通报事项，并通过国际部办理来自其他境外监管机构的协查请求、通报事项。

（二）我国跨境执法合作面临的问题

国际板市场推出后，市场违法违规行为既可能有发生在二级市场的内幕交易行为、操纵市场行为和虚假陈述行为，也可能有发生在一级市场的通过提供虚假的发行上市信息达到发行上市目的的欺诈发行上市行为。违法违规的主体既可能是投资者，也可能是上市公司及会计师、律师事务所等中介机构。同时，由于国际板市场的公司注册在境外，公司高管一般都是境外人士。而且国际板的公司可能在多地上市，各个国家（地区）法律差异、时区差异等的存在，在跨境协作时，需要协调不同的法律和规则体系，所以，国际板违法违规行为的调查处罚将比国内板市场要复杂，调查取证也会更困难。

面对国际板市场违法违规行为的复杂性，除了在证券交易所层面的合作之外，证券监管机构的执法合作是更为重要的一个层面。证券交易所作为一线监管机构，积极配合证券监管机构进行跨境执法合作很有必要。国际板推出后，我国证券会向境外监管机构提出协查请求数量将增多、类型也更多样，现有的跨境执法合作框架难以满足日趋增多、复杂的跨境执法需求，主要问题如下。

1. 证券跨境执法合作的实体法与冲突法依据欠缺

（1）实体法方面。除《证券法》179条第2款外，我国没有其他关于证券跨境监管合作的具体实体法规定，而美、英、香港等证券市场发达的国家和地区，都在其证券法律中对如何进行国际证券监管合作与协调做了相应的详细的规定。

（2）冲突法方面。国际化之后，证券发行与交易行为跨越国界，我国证监会查处发生违法违规行为时,将会面临如何处理适用多个国家或地区的法律冲突问题。而目前我国《证券法》中尚无有关证券的冲突规范,行政法规中仅有的几个冲突规范也不尽科学。如《国务院关于股份有限公司境外募集股份及上市的特别规定》第29条第2款规定,有关争议必须适用中华人民共和国法律。该规定不仅因自身的封闭性而存在缺陷,而且未能解决其他典型的涉外证券法律适用冲突问题。

2. 执法权限实施保障力度有待加强

由于存在执法权限保障不足问题,我国证监会有时无法完全按境外监管机构的要求提供协助。比如,在办理境外监管机构有关询问当事人和调取通讯记录的协查请求时,虽然《证券法》第180条规定我国证监会具有询问权、查阅、复制通讯记录权,但在实践中,我国证监会对相关当事人的询问依赖于其自愿行为,缺乏强制力,有关机构以违反《中华人民共和国宪法》第40条为由拒绝我国证监会调取相关通讯记录等相关资料。

根据对等原则,一旦我国证监会向境外监管机构提出询问当事人或调取通讯记录的协查请求,即使其能够依职权调取或采用相关手段,但也可以以我方未能提供同等协助为由,拒绝提供执法协助。这将极大削弱跨境执法合作的效果与作用。

3. 证券跨境执法合作的渠道、内容亟待拓宽

(1) 双边监管合作与协调方面。从中国证监会与境外监管机构已签署的45个监管合作谅解备忘录来看,对跨境执法合作中重要的信息共享的程序、使用信息方式的许可、保密要求等问题,缺乏可操作执行规定。如我国证监会与美国SEC签订的谅解备忘录,强调的是发达市场对我国证券市场的技术援助,而对有关证券法律实施的合作与磋商只限于原则性的规定,可操作性的规定极少。

我国当前证券监管双边合作与协调主要采取签订谅解备忘录的形式,渠道显得单一,而没有充分利用司法互助条约来促进国际合作。司法互助条约是我国司法部代表国际签订的,由于我国司法部与证监会等各主管部门之间也缺乏信息共享和合作机制,所以不能充分发挥司法互助条约在国际证券监管合作中的应有作用。

(2) 多边监管合作与协调方面。对于IOSCO和世界证券交易所联合会等其他国际组织制定和发布的决定、报告、指南等,目前我国法学理论界、证券实务部门和证券监管机构尚未对其进行全面、系统、深入的研究和探索。对于上述文件中哪些内容我国是可以采纳和借鉴的,哪些内容我国是不能采纳或需要抵制的,没有清楚明确的结论。

4. 现有的跨境执法体制需完善

(1) 负责部门分工合作需加强协调配合。目前,我国证监会稽查局负责办理与香港证监会的相互协查请求,国际部负责其他境外监管机构的相互协查请求。国际板推出后,为满足我国证监会向境外提出的协查请求增多,时限性增强的需求,国际部和稽查局的分工合作需要进一步优化,加强协调配合。

(2) 证券跨境执法合作内部操作程序有待细化。我国证监会目前没有成文的跨境执法内部操作程序,比如何时可对外提出协查请求、派出机构和总队提出协查请求的程序、协查请求模板、境外取得证据在境内的适用问题等，需要进一步细化。

（3）跨境执法协查案件增多对稽查人员的要求更高。随着跨境协查案件数量增多，尤其涉及在我国境内上市的欧美企业的案件也会随着国际板的推出逐步增长，我国证监会需要培养业务能力强、外语能力过关、政策水平高的稽查人员。

三、建立多边交流和合作机制

（一）通过多边协定进行监管合作与协调

随着证券市场全球化向纵深发展，一般性的双边谅解备忘录很难满足日益变化的市场监管要求。因此，世界各国又通过签订多边性监管合作协议来加强对证券跨国发行与交易行为的法律监管。目前，多边性监管合作协议大多以联合声明的形式出现。1995年5月，16个不同国家的监管机构在英国的温莎召开会议，发出了一份有关跨境监管世界各主要期货及期权市场的联合声明（即《温莎宣言》），他们一致同意，加强交易间的合作，努力保护客户头寸资金和资产；澄清和加强违约过程管理；在紧急情况下加强监管合作。1996年3月15日，49个交易所和清算所、14个监管机构在期货产业协会的年会上签署了《国际信息共享协议》和《国际期货交易所和清算组织合作与监管宣言》，该协议和宣言允许交易所、清算所和监管当局共享成员的市场和金融信息，以更为有效地合作监管和处理证券市场上的风险和各种违法犯罪行为。

（二）通过司法互助协定进行监管合作与协调

司法互助协定（简称MLATs），是各国通过外交途径签订的、具有法律效力的双边协议。MLATs一般都包括下列一些内容：司法协助的种类、司法协助请求必须满足的条件、请求执行的方法、允许使用已调取信息的范围以及拒绝司法协助请求的情形。世界上第一个有关证券的MLATs是由美国和瑞士在1973年签订的。到1996年底，美国已同瑞士（1973）、土耳其（1979）、荷兰（1981）、意大利（1982）、加拿大（1985）、英国（1986）、墨西哥（1987）、巴哈马（1988）、阿根廷（1990）、西班牙（1990）等十几个国家签署了司法互助协定，其他国家之间也相继签署了有关证券的MLATs。这些协定为缔约国一方证券法在域外适用时获得外国有关当局的协助带来了极大的便利，从而有利于缔约国之间携手共同打击证券违法犯罪活动与过度投机行为。

（三）加入证券业国际组织

从境外跨境监管合作的经验来看，证券业国际组织已经发挥了越来越重要的作用。我国证监会是国际证监会组织（IOSCO）的成员，沪、深证券交易所已经加入了WFE等多个证券业国际组织。但也应该注意到，目前对于IOSCO和WFE等国际组织制定和发布的决定、报告、指南等，我国理论界、实务界和证券监管机构尚未对其全面、系统、深入的研究和探索。将来，应当进一步加强与国际证券业组织的合作，在公平互利的基础上推动我国证券监管的国际合作机制。对于这些文件中哪些内容是我国可以采纳和借用的，哪些是需要摒除或者抵制的，今后尚需进一步研究。

第四节 完善我国证券交易所跨境监管合作的策略

随着国际金融一体化的日益加深，现代科学技术的普遍运用，国际贸易中政治壁垒的消除，证券市场的发展愈趋全球性，证券交易与发行行为日趋国际化。证券市场国际化，在方便国际证券交易和分散投资风险的同时，也为各种跨国证券违法犯罪活动和过度投机行为的产生创造了新的机会。因此，如何在国际化的同时加强法律监管，已成为摆在世界各国面前的问题。尤其是我国证券市场正向国际化迈进，跨境市场监管已经成为我国的一项紧迫任务了。尤其是在上交所国际板市场推出后，面对境内外市场法律适用、发行上市标的、市场参与者、交易制度安排、上市规则、交易信息披露、公司高管监管安排、投资者权益保护机制等方面的差异，需要进一步开展跨境协作，需要协调不同的法律和规则体系。我国交易所在开展跨境监管合作工作方面，还有诸多有待完善之处。

一、推动跨境监管相关法律法规及制度的完善

（一）完善监管跨境证券发行与交易的法律法规

当前，我国对证券跨国发行与交易行为的法律监管的依据是由国务院、国务院证券委、国家体改委、中国证监会、国家外汇管理局颁布的一系列行政法规、部门规章、规范性文件，以及与外国监管机构签订的谅解备忘录。

国务院颁布的行政法规主要有《关于股份有限公司境外募集股份及境外上市的特别规定》《关于进一步加强证券市场宏观管理的通知》《关于股份有限公司境内上市外资股的规定》。

有关部委颁布的部门规章主要有：国务院证券委发布的《关于批转证监会〈关于境内企业到境外公开发行股票和上市存在的问题的报告〉的通知》《关于推行境外上市预选企业的条件、程序及所需文件的通知》《股份有限公司境内上市外资股规定的实施细则》；国家体改委颁布的《关于到香港上市的公司执行〈股份有限公司规范意见〉的补充规定》《到香港上市公司章程必备条款》。规范性文件有中国证监会发布的《关于发行B股的企业在分红派息时如何确认利润分配标准的函》《关于严格管理B股开户问题的通知》《关于B股发行审批工作有关问题的通知》《境内及境外机构从事外资股业务资格管理暂行规定》；中国证监会、国家外汇管理局联合发布的《关于境外上市企业外汇管理有关问题的通知》。

由上可见，目前我国对证券跨国发行与交易行为进行监管的法律依据为行政法规、部

门规章、规范文件,而这些行政法规、部门规章、规范性文件层级较低,权威性与效力不高、内容不完备。在监管依据方面,应尽快修改《证券法》,在其中单列有关对证券跨国发行与交易行为进行法律监管的条文。完善有关证券市场国际化法律监管的专门法律及配套法规,从而整体提升这些法律依据的层级与效力,更为有效地服务于对证券跨国发行与交易行为的法律监管。

(二)完善证监会对交易所跨境自律监管合作的授权

证券市场监管国际合作的经验告诉我们,对证券跨境监管必须建立在各国的国内监管基础之上,必须依靠对证券监管的立法。因此,如果国际板推出,要有效地对在上交所上市的境外企业进行监管,关键在于完善证券监管法律制度。结合中国的具体情况,较为切实可行的是赋予证券监管机构必要的执法权力和一定程度的授权立法。虽然相关当事人可以提起民事诉讼、追究违法者的民事责任,但对于整个证券市场而言,应更多地注重监管者运用手中的权力来维护证券市场的安全和稳定。所以,监管者拥有必要的执法权力显得更为重要。

我国《证券法》第179条规定,国务院证券监督管理机构可以和其他国家或者地区的证券监督管理机构建立监督管理合作机制,实施跨境监督管理。为完善证券跨境监管国际合作与协调的法律依据,应尽快制定有关证券市场国际化法律监管的专门法律及配套法规,推出比较科学、合理的证券冲突规范。对办理跨境执法协作案件的办理原则、调查手段等做出明确规定。

由于证券市场瞬息万变,金融创新迅速发展,这都需要一个熟悉证券市场规律的管理机构及时制定相关规则,以对日益创新的行为进行规制。交易所开展跨境监管合作,需要相应的法律依据。例如,港交所与香港证监会的有关备忘录中,就明确了港交所有权为履行其监管职责可以与本地和海外的机构开展合作。上交所推出国际板的过程中,应推动证监会出台比较明确的跨境监管管理办法,其中应授权交易所开展跨境自律监管合作。

二、通过备忘录等形式与境外同行深化跨境监管合作

交易所深化与境外同行合作,必须依据自身的特点和优势,选取适合自己的战略定位和竞争策略,综合考虑目前全球交易所产业发展趋势和中国证券市场发展的阶段性特征,上交所的国际合作可以采取如下路线和步骤:从合作方式来看,先抓紧推进更紧密合作协议安排,再考虑战略联盟和并购合作;从合作对象来看,先加强和港台地区及"金砖四国"等发展中国家的合作,再谋取和发达国家的合作;从国际合作的配套环境来看,先推动上交所发展制度环境的优化,再推动交易所的公司化。

目前,交易所之间的证券跨境监管主要形式是签署备忘录。交易所之间签订的监管备忘录,主要在监管信息交换和分享方面做出规定。例如,1993年6月19日,中国证监会、香港证监会、上交所、深交所、港交所签订了《监管合作备忘录》,明确了协议各方监管

合作的职责、范围和方式。该备忘录特别提出，双方证券监管机构有义务互相协助、依请求或主动交流信息，相互协助调查内幕交易、市场操纵或其他证券欺诈行为，并对此采取相应的制裁措施。国际板推出后，需要进一步丰富监管备忘录的内容，建立与完善交易所之间跨境监管合作的机制。

（一）建立上交所与境外交易所的监管信息交换渠道

上交所国际板吸引境外公司上市，理论上可以分为两类公司：一是已经在其他海外交易所上市的公司，一般来说，此类公司在上交所上市属于第二上市，其在上交所市场发行的股份和上市数量一般不会大于其主要上市地；二是未在其他海外交易所上市的海外公司在上交所市场发行股份并上市，或者发行股份量超过先前发行量，使得其大部分股份在上交所交易，此类公司把上交所作为主要上市地。第一上市和第二上市的主要区别在于：作为第一上市地的交易所一般对公司的监管要求更严格，对投资者权益的保护更多。

上交所国际板建设的目标是吸引具有一定国际知名度的企业以及与我国境内有较多业务联系的优秀企业，一般来说，国际上享有知名度的企业很多为上市公司，到上交所国际板发行股票，一般属于第二上市。鉴于来上交所国际板上市的公司已经在海外上市，因此，加强与海外交易所监管信息的交流就更突显出必要性。要实现监管信息的跨境跨所交流，一要在信息交流的渠道、方式上协商一致，二要在交流信息的使用、保密上明确责任；三要在突发性、临时性监管信息的交换上确定途径和方式。

（二）建立交易所市场监管业务之间的跨境合作机制

交易所市场监管的基本目标是确保市场参与者遵守交易规则，发现并制止任何违法违规行为。随着交易所公司化的发展，不同国家或地区的交易所市场监管职能有所不同。一些交易所的市场监管职能仅局限于监控证券价格和交易变化，检查市场参与者是否遵守交易所规则，对于发现的内幕交易、市场操纵或其他证券违法行为，则转交有权部门如证监会来处理，而另有一些交易所具有较多的监控市场的手段，比如有对市场异常交易行为的干预权，发现不当交易时可取消或暂停交易，对违犯交易所规则的行为具有处罚权，等等。

上交所国际板推出后，可能面临与多个交易所开展监管合作，因此需要与不同的交易所明确监管合作的具体方式，其中最核心的内容是关于合作双方提供市场监管的协助，包括应对方要求采取监督调查措施或调查协助，在对方采取市场监管措施并可能影响被调查公司在另一方的交易或信息披露时，及时通知和通报信息。

（三）加强交易所市场监管经验与人员的交流

从上交所目前市场监管手段来看，要适应国际板推出后的国际化市场环境，还需要在程序规范化、透明化、违法违规行为的认定等方面进行完善。从国际监管合作的一些案例中可以看出，各国证券监管机构、各交易所对以跨境监管合作方式提出的调查协助，都有严格的标准，任何法律上、程序上的、调查事项的描述上的瑕疵，都会影响跨境监管合作的效果，甚至导致跨境监管的失败。因此，必须加强上交所市场监察跨境合作的人员培训以及交易所市场监管对口业务部门的定期交流，以适应国际竞争的需要。

三、协助监管机构深入开展跨境执法和司法合作

备忘录是各个国家和地区的证券监管机构进行双边国家合作的重要形式，但是它的作用是有限的。因为根据备忘录所能获得的协助，仅仅限于双方尽各自所能提供的协助。这种有限的协助是远远不能满足监管需要的。无论是公司跨境上市，还是投资者跨境投资，其活动区域均跨境内外不同的区域。目前证券监管部门的合作是基于部门权力的合作，只能解决公司上市行为、融资活动等程序，对于证券市场违法犯罪行为进行调查，如跨境取证、跨境出庭作证等问题，都属于司法领域，这就涉及司法管辖权问题。在跨境监管方面，交易所的一项重要工作就是配合证监会等监管机构开展跨境执法合作，以及协助司法机构进行跨境司法合作。在这方面，除了要推动完善证券跨境执法和司法合作与协调的法律依据外，还需加强的方面主要包括以下几点。

（一）加强协调，保障我国证监执法权限的有效实施

随着证券市场开放程度的提高及高科技手段的运用，跨境证券违法犯罪行为不仅数量日益增多，而且其复杂性和狡诈性日益增强，切实增强保障监管机构执法的权力非常必要。虽然法律规定了我国证监会具有询问权、调取通讯记录权，但在实践中行使不甚顺畅，建议进一步加强公安部、检察院、法院等机构的沟通协调，切实保障执法权限得以有效实施。

（二）建立全方位、立体型的监管合作与协调机制

双边监管合作与协调方面，建议对我国证监会与境外监管机构签订的谅解备忘录的内容进行完善，增加有关信息共享的程序、使用信息方式的许可、保密要求等问题进行具体规定，以加强其可操作性。此外，在充分利用谅解备忘录的基础上，通过构建我国司法部与证监会等各主管部门之间信息共享和合作机制，加强与境外司法机构的合作等途径，充分发挥司法互助条约在国际证券监管合作中的应有作用。

在多边监管合作与协调方面，中国证监会应大力加强参与 IOSCO 等有关国际组织的各项活动尤其是规则制定活动的深度和力度。进一步开展对 IOSCO 和世界证券交易所联合会等其他国际组织制定和发布的决定、准则、报告、指南等的全面、系统、深入的研究和探索，厘清上述文件中哪些内容我国是可以采纳和借鉴的，哪些内容我国是不能采纳或需要抵制的。在此基础上，大力发扬"拿来主义"的精神，取其精华，去其糟粕，完善我国证监会有关证券跨境监管合作的规定。

（三）完善国际板违法违规行为的监控、查处机制

我国现有监管体系中，证监会和交易所各司其职，对国际板市场的违法违规行为进行

监控和查处。交易所主要负责违法行为的发现和监控，证监会主要负责违法行为的调查和处罚。

今后，一方面需要加强交易所的监控、处理机制。重视并进一步发挥交易所等自律组织在预防和打击市场违法违规行为方面的作用。证券交易所在现有监察规则和监察技术的基础上，及时总结国际板市场违规行为的新手段和新花样，完善细化异常交易行为的业务规则，优化市场监控指标体系，将违法违规行为扼杀在萌芽状态。

另一方面，完善证监会的查处机制。跨境证券执法应注重法律程序的设计，不但要以法律法规的形式明确规定相关执法程序，同时应兼顾国际惯例。目前，我会跨境证券执法的程序尚不明确，该问题亟待解决。境外法律文书的送达程序、调查取证程序、财产的查封扣押与冻结程序、听证程序、复议程序等方面与境内存在一定的差异，需要进一步明确。

目前，证监会依据《证券法》及相关法律法规对证券违法行为进行惩治，其证据标准、责任认定模式基本成熟，对国际板的违法行为进行查处可以比照进行。目前我国的惩戒措施可分三类，一是行为罚，如市场禁入；二是财产罚，如罚款等；三是申诫罚，如警告等。考虑到境外处罚执行较为困难，且未来在我国国际板上市的公司大多是国际知名的公司，其对"名誉"的处罚会更加有效，因此，建议在处罚制度设计上侧重申诫罚。

（四）完善国际板违法违规行为民事和刑事责任追究机制

一是建立证监会与公检法、外汇管理局等部门的监管合作机制。国际板违法行为的查处涉及多个国家职能部门，各部门之间信息沟通、相互协助是国际板违法行为查处的重要保证。建议证监会与上述部门定期召开监管合作联络工作会议，共享信息，讨论各方关注的问题，交换意见，提出解决办法。

二是尽量支持和保留中国股东在外国起诉的可能性。为了最大限度保障中国股东利益，应推动国际司法协助，清除法律障碍，建立中国股东在外国起诉的渠道。

四、创新开展跨境监管合作的方式和手段

（一）建立可接受海外发行人司法权区认可制度

上交所推出国际板后，将吸引不同司法辖区下的公司来上交所发行股份。尽管上市规则明确了上市条件，但不同司法辖区下的公司具有自身的公司治理特点、会计制度、信息披露做法，与我国本地上市公司存在制度上的差异是必然的，为了在给予本地投资者以相同的、最低的权益保障水平的同时，最大限度地减少海外发行人的上市成本，上交所应当认可并接受海外发行人第一上市地的监管标准，即需要引入港交所的司法权区认定制度，定期公布和更新可以接受的海外发行人所在地或注册地名单，以表示来自名单所列地区的海外发行人接受的当地监管标准，可以为我国本地投资者提供最低的、可接受的权益保障水平。

交易所与海外发行人签订的上市协议，除规定海外发行人应遵守交易所上市规则外，针对海外发行人的特殊情况，需要豁免或增加海外发行人的某些义务，从而解决海外发行人所在地与上市地之间的一些证券法律冲突，比如会计标准、公司治理、信息披露等。

（二）定期召开监管合作联络工作会议

定期召开监管合作联络工作会议，是促进相互磋商和合作的有效途径。例如，根据《备忘录》的规定，中国证监会、上交所、深交所、香港证监会及香港联交所建立了监管合作联络工作会议制度，每隔三个月轮流在京、港、沪、深召开监管合作联络工作会议，讨论互相关注的事宜，并将各自证券市场中出现的可能影响任何他方证券高层的政策发展，通知对方、交换意见、提出解决办法等。

（三）发送互谅、解疑信函等

除了定期的会谈和磋商外，互谅、解疑信函是以法律形式解决合作各方临时出现的疑难问题的最为有效的手段。内地和香港证监机构即是通过书面函件的方式多次协调、相互解释各自的工作程序并沟通处理问题的思路，这对增进相互之间的理解与合作、解决跨境监管中的实际问题起到了良好的作用。

此外，交易所还可以在其他方面，例如公司信息发布在各市场间的协调、收购及合并的合作处理、统一证券词汇等方面，开展进一步的合作。

参考文献

[1] 张小波著.全球主要证券交易所监管上市公司的比较研究[M].成都：西南财经大学出版社，2016.

[2] 李响玲著.论新趋势下的证券交易所自律监管[M].北京：中国法制出版社，2014.

[3] 吴伟央著.证券交易所自律管理的正当程序研究[M].北京：中国法制出版社，2012.

[4] 韩朝炜著.证券交易所自律的司法介入[M].上海：上海人民出版社，2015.

[5] 刘远志著.跨境证券交易法律监管研究[M].北京：法律出版社，2019.

[6] 赵岗，朱忠明主编.中国证券业监管发展与改革研究[M].北京：中国发展出版社，2015.

[7] 郝旭光.证券监管效果论[M].北京：对外经济贸易大学出版社，2017.

[8] 尤苗.我国证券市场内幕信息泄露的监管研究[M].北京：人民日报出版社，2018.

[9] 王萍著.证券交易与监管法律研究[M].北京：中国政法大学出版社，2015.

[10] 柯湘著.中国证券监管权的行使与制约研究[M].北京：知识产权出版社，2015.

[11] 樊凯.论我国证券交易所自律监管制度完善——以注册制改革为背景[D].吉林大学法学院，2016.

[12] 李昂.注册制改革背景下证券交易所自律监管制度的发展完善研究[D].华东政法大学，2018.

[13] 董妮.论我国证券交易所的自律监管职能[D].对外经济贸易大学，2006.

[14] 黄冠颖.证券交易所自律监管制度国际比较研究[D].华东政法大学，2007.

[15] 占玉.证券交易所自律监管研究[D].北京交通大学，2007.

[16] 陈巍.论证券交易所的自律监管[D].华中师范大学，2008.

[17] 赵花蕊.论证券交易所自律监管的司法介入[D].华中师范大学，2009.

[18] 王倩.论我国证券交易所的自律监管[D].福建师范大学，2018.

[19] 胡梦薇.证券交易所自律监管行为司法介入研究[D].华中师范大学，2014.